危险货物道路运输培训丛书

危险货物道路运输企业
安全生产责任制编写指南及范本

严 季　晏远春 ◎ 主编

人民交通出版社股份有限公司
China Communications Press Co.,Ltd.

内 容 提 要

本书是危险货物道路运输培训丛书之一,依据交通运输部发布的《危险货物道路运输企业安全生产责任制编写要求》(JT/T 913—2014)编写而成,从企业需求出发,进一步细化危险货物道路运输企业安全生产责任制内容,明确制度编写流程,介绍安全生产作业规程,同时给出适用不同规模企业的安全生产管理制度范本。

本书用于指导危险货物道路运输企业编制安全生产责任制。

图书在版编目(CIP)数据

危险货物道路运输企业安全生产责任制编写指南及范本/严季,晏远春主编. — 北京:人民交通出版社股份有限公司,2016.7

ISBN 978-7-114-13232-2

Ⅰ.①危… Ⅱ.①严… ②晏… Ⅲ.①公路运输企业 – 危险货物运输 – 安全生产 – 生产责任制 – 编制 – 中国 – 指南 Ⅳ.①F542.6 – 62

中国版本图书馆 CIP 数据核字(2016)第 175733 号

Weixian Huowu Daolu Yunshu Qiye Anquan Shengchan Zerenzhi Bianxie Zhinan ji Fanben

书　　　名:	危险货物道路运输企业安全生产责任制编写指南及范本
著 作 者:	严　季　晏远春
责任编辑:	董　倩
出版发行:	人民交通出版社股份有限公司
地　　　址:	(100011)北京市朝阳区安定门外外馆斜街 3 号
网　　　址:	http://www.ccpress.com.cn
销售电话:	(010)59757973
总 经 销:	人民交通出版社股份有限公司发行部
经　　　销:	各地新华书店
印　　　刷:	北京鑫正大印刷有限公司
开　　　本:	787×1092　1/16
印　　　张:	9
字　　　数:	190 千
版　　　次:	2016 年 7 月　第 1 版
印　　　次:	2016 年 7 月　第 1 次印刷
书　　　号:	ISBN 978-7-114-13232-2
定　　　价:	35.00 元

(有印刷、装订质量问题的图书由本公司负责调换)

前言 PREFACE

2014年6月27日,交通运输部发布了《关于发布〈危险货物道路运输企业运输事故应急预案编制要求〉等32项交通行业标准和部门计量检定规程的公告》(中华人民共和国交通运输部公告第31号),其中颁布了《危险货物道路运输企业安全生产责任制编写要求》(JT/T 913—2014)等四个危险货物道路运输行业标准,自2014年11月1日起实施。

自标准实施以来,交通运输部委托部管理干部学院在全国范围内组织了多次标准宣贯,部分省运输管理局也积极组织标准宣贯;为了配合好这四个标准的宣贯工作,我们编写出版了《新颁危险货物道路运输企业安全管理标准(JT/T 911~914—2014)释义》(以下简称《释义》)。宣贯工作以及《释义》的指导作用,在业内得到了高度重视和好评,普遍认为这四个标准对切实提升危险货物道路运输企业安全管理水平具有重要作用,能够提高企业执行《中华人民共和国安全生产法》、落实企业主体责任的能力,从而改善企业普遍存在的"安全管理工作喊口号、制度挂墙上、工作无抓手"的现状。

但是,在宣贯过程中,仍有部分企业反映,目前根据其自身实际,编制切实有效的安全生产责任制,还存在缺乏经验、难度较大的问题,希望我们能够编写出版更有操作性、更具体细化的编制指南,指导其更好地编制安全生产责任制。因此,为将危险货物道路运输企业安全生产的各项预防工作做到实处,把事故风险控制在最小范围内,解决企业"不会编制、敷衍了事、操作性差、束之高阁"等问题,本书从企业需求出发,依据有关国家法律、规章和国家标准、行业标准,尤其是2016年4月最新修订的《道路危险货物运输管理规定》(交通运输部令2016年第36号)和《危险货物道路运输企业安全生产责任制编写要求》(JT/T 913—2014),结合我国危险货物道路运输企业安全管理现状,进一步解读企业安全生产责任制内涵和本企业内部机构的相互关系,明确安全生产责任制的编制基本流程;同时,考虑危险货物道路运输企业的规模差异,给出了适用不同规模企业的安全生产责任制范本(见附录)。需要说明的是,危险货物道路运输企业在编制安全责任制时,可参考范本,但必须紧密结合本企业自身实际进行编写,切勿照搬照抄。

　　本书是指导危险货物道路运输企业学习、执行《中华人民共和国安全生产法》，编制安全生产责任制，落实企业主体责任，保障企业安全生产，指导企业实际工作的重要工具书。

　　本书由严季、晏远春担任主编，唐娜、黄昌伟担任副主编，参编人员有秦树甲、赵国统、张彪、侯喜胜、田洪庆、王奕、常连玉、李连升、汪泽罡、李杨、沈小燕、沈民、杨开贵、李弢、程国华、韩冰、胡娟娟。

　　本书在编写过程中，得到了振华物流集团有限公司、北京普莱克斯实用气体有限公司、新奥能源物流集团、天津市顺城港货物运输有限公司、贵阳仁通运输有限公司等单位的大力支持及帮助。在此一并表示感谢！

　　由于作者水平有限，书中难免有不妥之处，敬请有关专家、学者和从事危险货物道路运输的工作人员批评指正，以便修订完善。

编　者

2016年6月

目录 CONTENTS

- 第一章　概述 ··· 1
  - 第一节　制定危险货物道路运输企业安全生产责任制的必要性 ·············· 3
  - 第二节　制定危险货物道路运输企业安全生产责任制的法规和标准要求 ····· 7
  - 第三节　危险货物道路运输安全管理 ·· 16
- 第二章　我国危险货物道路运输企业安全管理现状 ··························· 21
  - 第一节　我国危险货物道路运输行业概况 ··································· 23
  - 第二节　我国危险货物道路运输企业安全管理现状 ························· 27
  - 第三节　我国危险货物道路运输企业安全管理的主要问题 ·················· 32
- 第三章　危险货物道路运输企业安全生产责任制编写指南 ··················· 37
  - 第一节　危险货物道路运输企业安全生产责任制的编写原则、步骤 ········ 39
  - 第二节　危险货物道路运输企业安全生产责任制的基本结构和内容 ········ 43
  - 第三节　危险货物道路运输企业安全生产管理机构和岗位职责 ············· 50
- 附录 ·· 71
  - 附录一　《危险货物运输企业安全生产管理层级及主体职责划分一览表》 ··· 73
  - 附录二　《危险货物运输企业安全生产管理规范及岗位职责分工一览表》 ···· 78
  - 附录三　×××供应链有限公司健康、安全与环境管理责任制 ············· 87
  - 附录四　振华物流集团安全生产分级责任制 ································ 99
  - 附录五　北京普莱克斯(运输部门)安全生产责任制 ······················· 105
  - 附录六　天津市顺城港货物运输有限公司车辆运输安全生产责任制 ······ 109
  - 附录七　贵阳仁通运输有限公司安全生产责任制 ·························· 122

第一章 概述

本章重点介绍我国关于制定危险货物道路运输企业安全生产责任制的法规、标准要求以及安全管理的基本概念。

第一章 概述

第一节 制定危险货物道路运输企业安全生产责任制的必要性

一、安全生产责任制的概念

安全生产责任制是一个相对完整的系统,从其内部各有关要素及其相互关系看,它应有两个层面的含义:一是由责任内容、责任目标、责任形式、责任要求、监督检查、保障措施方面所构成的责任运行与责任保障体系;二是由以层层负责为主要内容的责任落实保障体系。即下一级比上一级更具体,以下一级的落实来保证上一级落实,上一级对下一级的责任制落实情况进行监督检查,由此形成一个"横向到边、纵向到底"的责任保证体系。针对危险货物道路运输企业,建立横向到边、纵向到底、覆盖全员、层层分解的安全生产责任制非常必要。

1. 人、岗位、责任、权力的关系

企业安全生产责任制就是按照"安全第一,预防为主,综合治理"的安全生产方针和"管生产的同时必须管安全"的原则,将企业的各级管理人员、各职能部门及其工作人员和各岗位生产人员在职业健康安全方面应做的事情、应承担的责任和应享有的权利,加以明确规定的一种制度。

2. 涉及全员的责任体系

安全生产责任制是安全生产责任体系、检查考核标准、奖惩制度的有机统一,要通过建立并落实全员安全生产责任制,实现对安全生产相关单位和个人的制约功能、监督功能和检查评价功能。

3. 企业的基本制度

安全生产责任制是企业行政岗位责任制和经济责任制的重要组成部分,是企业最基本的安全制度,是企业安全管理工作的中心环节,是企业安全管理"执法"的最根本依据。

二、安全生产责任制的内涵

1. 安全生产责任制是确保安全生产工作真正落实的一项基本制度

安全生产责任制最重要的作用在于它能以制度的力量来保证安全生产各项工作的落实。

(1)从制度的层面看,在安全生产工作的制度体系中,安全生产责任制并不是一种具体的工作制度,它所发挥的作用也不是单一和具体的,而是一项基本的制度,处于整个安全生产制度体系中的核心地位。它是其他各种具体制度的"母制度"和"总制度",决定并影响着具体制度的内容、形式、地位及其效果,各项具体制度都必须围绕安全生产责任制所规定的总体目标与总体要求来设计,并为安全生产责任制的落实创造条件、提供保障。

(2)从工作的层面看,安全生产工作内容复杂纷繁,在没有任何压力与责任的情况下,很难保证从事安全生产有关各项具体工作的部门、单位甚至个人会主动将工作做到位,而安全生产责任制则从总体上明确各级各部门各单位甚至个人在安全生产上必须履行的职责与必须承担的责任,从而为安全生产工作的落实提供最为基本和最为有效的"规矩"。

2. 安全生产责任制是确保安全生产工作有效到位的一种运行机制

从安全生产工作运行各环节及相互关联情况看,责任到位,工作才能有效到位。也就是说,安全生产工作的组织实施与落实到位是围绕着责任制这一核心来展开的,并由责任的设定、分解、传导、检查与落实形成了一个有机的整体。

(1)责任的设定。就是根据相关主体在安全生产工作过程中所处的地位和权限,分别确定他们各自必须承担的责任。这是因为,从理论上来说,安全是安全生产工作各相关要素保持和谐匹配的一种状态,而实现和维持这一状态的过程则极为复杂,并有大量的参与者、相关者,他们其中一个极为细微的不安全行为都可能破坏这种状态并导致事故的发生。因此,必须对安全生产工作相关参与者所处岗位的安全生产责任进行明确,以约束他们的行为,确保其行为的规范。

(2)责任的分解。从一个地区、部门或单位来看,安全生产责任表现为一种整体的责任,即维持安全生产形势的稳定是一个地方、部门或单位主要负责人的法定职责,但主要责任人的职责显然又不仅仅局限于维持安全生产形势的稳定。因此,无论是一级政府或政府的一个部门,还是一个生产经营单位或生产经营单位的一个部门,都必须将自己承担的安全生产整体责任一层一层、一个方面一个方面地进行分解,使安全生产工作的各相关参与主体都承担相应、明确、具体的责任。

(3)责任的传导。安全生产的责任传导表现为安全生产的各项部署、决策及措施能在各级及有关部门得到认同、得到重视、得到贯彻、得到落实,各相关的主体确实将抓好安全生产工作当作关系自己切身利益的工作加以落实,安全生产的各项部署、决策及措施才能产生应有的效应。

(4)责任的检查。检查是确保责任制落实的一个重要环节和重要手段,没有必要检查的责任制是形式主义的责任制,是毫无约束力的责任制。在责任制的落实过程中,通过必要的检查,可以及时发现责任制在落实中存在的问题,并及时采取有力的措施加以解决,督促有关主体依照责任制的内容要求履行自己必须履行的职责。

3. 安全生产责任制是确保安全生产工作正常运行的一个保证体系

目前,有关方面对于安全生产责任制的认识与理解还存在简单化、形式化的问题,不少地方、部门和企业将建立安全生产责任制,仅仅理解为政府与政府的有关部门、政府与企业或政府与企业内部上下级之间所签订的安全生产责任书或责任状,以为签订了责任书或责任状就是建立了安全生产责任制,结果是将建立责任制变为签订责任书或下达责任状的一个仪式或一场会议中的一项议程。这种以责任书或责任状代替责任制的做法完全违背或偏离了责任制的基本原则,是导致安全生产责任制难以真正落实到位,甚至流于形式的一个深层原因之一。

值得注意的是,一个完整的系统通常要包括以下特征:一是一个系统通常要包含两个以上的要素(或子系统);二是要素或子系统之间必须要有一定的相互联系;三是要素或子系统之间的相互联系供求关系产生特定或相应的功能。

三、安全生产责任制的重要性及落实现状

1. 安全生产责任制的重要性

1)习近平总书记对安全生产工作作出重要指示

2015年习近平总书记对安全生产工作作出重要指示,强调"要坚决落实安全生产责任制""狠抓安全生产责任制落实"。这些重要指示对企业安全生产管理工作尤为重要,企业主要负责人和安全管理人员必须认真学习、全面贯彻执行。

(1)2015年8月15日,习近平总书记对天津滨海新区危险品仓库爆炸事故作出重要指示,要求确保安全生产、维护社会安定、保障人民群众安居乐业是各级党委和政府必须承担好的重要责任。天津港"8·12"瑞海公司危险品仓库特别重大火灾爆炸事故以及近期一些地方接二连三发生的重大安全生产事故,再次暴露出安全生产领域存在突出问题、面临形势严峻。血的教训极其深刻,必须牢牢记取。各级党委和政府要牢固树立安全发展理念,坚持人民利益至上,始终把安全生产放在首要位置,切实维护人民群众生命财产安全。要坚决落实安全生产责任,切实做到党政同责、一岗双责、失职追责。要健全预警应急机制,加大安全监管执法力度,深入排查和有效化解各类安全生产风险,提高安全生产保障水平,努力推动安全生产形势实现根本好转。各生产单位要强化安全生产第一意识,落实安全生产主体责任,加强安全生产基础能力建设,坚决遏制重特大安全生产事故发生。

(2)2015年12月24日,习近平总书记对加强安全生产工作提出了以下5点要求:

①必须坚定不移保障安全发展,狠抓安全生产责任制落实。要强化"党政同责、一岗双责、失职追责",坚持以人为本、以民为本。

②必须深化改革创新,加强和改进安全监管工作,强化开发区、工业园区、港区等功能区安全监管,举一反三,在标准制定、体制机制上认真考虑如何改革和完善。

③必须强化依法治理,用法治思维和法治手段解决安全生产问题,加快安全生产相关法律法规制定修订,加强安全生产监管执法,强化基层监管力量,着力提高安全生产法治化水平。

④必须坚决遏制重特大事故频发势头,对易发重特大事故的行业领域采取风险分级管控、隐患排查治理双重预防性工作机制,推动安全生产关口前移,加强应急救援工作,最大限度地减少人员伤亡和财产损失。

⑤必须加强基础建设,提升安全保障能力,针对城市建设、危旧房屋、玻璃幕墙、渣土堆场、尾矿库、燃气管线、地下管廊等重点隐患和煤矿、非煤矿山、危化品、烟花爆竹、交通运输

等重点行业以及游乐、"跨年夜"等大型群众性活动,坚决做好安全防范,特别是要严防踩踏事故发生。

2)企业的安全生产涉及企业的全员、全过程、全方位

在生产过程中,如果存在人的不安全行为、物的不安全状态,以及人员工作职责不清、相互推诿,安全生产、劳动保护工作无人负责等情况,事故就会不断发生。要控制事故的发生,就要控制好与生产有关的各个因素、各个环节、各个岗位。只有把"安全生产、人人有责"首先从制度上固定下来,增强各级管理人员、作业人员的责任心,才能真正做到作业现场人员职责清晰、各司其职、各尽其责,做到事事有人管、层层有把关,才能真正把安全生产的责任落到实处,使安全管理成为纵向到底、横向到边、责任明确、协调配合的有机整体,才能真正使企业的安全生产平稳,杜绝事故的发生。

3)建立健全安全生产责任制度在安全工作中占有相当重要的地位

实践证明,凡是建立、健全了安全生产责任制的企业,各级领导重视安全生产、劳动保护工作,切实贯彻执行党的安全生产方针、政策和国家的劳动保护法规,在认真负责地组织生产的同时,积极采取措施,改善劳动条件,工伤事故和职业病就会减少。反之,就会出现职责不清、互相推诿的状况,而使劳动保护工作无人负责、无法进行,工伤事故和职业病就会不断发生。因此,在建立、健全管理制度的同时,也要将安全生产责任制严格地建立起来,并认真负责地贯彻执行。

2. 安全生产责任制的落实现状

1)安全生产责任制度不完善

(1)安全生产责任制流于形式,有制度,无落实。由于法律、法规对企业建立、健全安全生产责任制有要求,但对安全生产责任制的内容无具体标准,企业应付性地制定安全生产责任制,无针对性也无操作性,紧紧停留在"写在纸上,挂在墙上"。

(2)安全生产责任制变成专业安全职能部门、生产部门的责任制,只重视对安全管理和运输生产人员的安全生产责任,而对其他非生产部门、其他人员没有提出相应要求。

(3)安全生产管理没有做到全员、全方位、全过程,对运输生产过程重视,但是放松了企业日常的安全管理。

2)安全管理目标不合理

(1)大多数危险货物道路运输企业在设定安全管理目标时,设定的目标定性的居多、定量的少,缺乏量化指标,在实施过程难以界定安全管理的实际效果。还存在安全管理目标的制定只是针对生产部门,非生产部门安全管理目标不明确的现象。

(2)在安全管理目标分解时,企业安全第一责任人与各二级单位安全第一责任人签订的安全责任书中所量化的安全目标,与企业要达到的安全目标不一致、不相符,有的甚至低于企业的安全目标。逐级签订安全责任状后,虽然形成了自上而下、分级控制的形式,但一级保一级的良好安全工作格局尚未真正实现,使执行层的安全目标和安全责任的落实流于形式。

3)安全生产奖惩考核制度不完善

(1)对安全目标实现与否的奖惩规定不明确、不细致、可操作性不强。安全目标考核体系未真正做到安全生产奖惩及时按标准兑现。执行和落实安全生产责任制时,常常出现"一刀切"的现象。

(2)企业发生事故时,往往只处罚生产部门及有关作业人员,非生产人员的奖金完全不受影响;而企业实现安全生产目标时,所有人员都受奖。在企业的生产过程中,生产作业越多,生产任务越重,作业人员发生事故的概率就越大,受处罚的概率也就越大,最终将会导致生产人员心理失衡。

第二节 制定危险货物道路运输企业安全生产责任制的法规和标准要求

《中华人民共和国安全生产法》(中华人民共和国主席令2014年第13号,以下简称《安全生产法》)第一章第四条规定,生产经营单位必须遵守本法和其他有关安全生产的法律、法规,加强安全生产管理,建立、健全安全生产责任制和安全生产规章制度,改善安全生产条件,推进安全生产标准化建设,提高安全生产水平,确保安全生产。该规定明确了,生产经营单位要加强安全生产管理,建立、健全安全生产责任制。这里包含两层意思:一是"生产经营单位",指在中华人民共和国领域内从事生产经营活动的单位❶,也就是说,这条规定不仅适用危险货物道路运输企业,还适用普通货物道路运输企业、旅客道路运输企业等在境内的所有企业。二是要建立安全生产责任制,并强调健全。《危险货物道路运输企业安全生产责任制编写要求》(JT/T 913—2014)就是基于"建立、健全"的要求研究制定的。同时,《安全生产法》第一章第五条明确规定,生产经营单位的主要负责人对本单位安全生产工作全面负责。为落实"全面负责"这一规定,该法第十八条进一步明确了生产经营单位主要负责人的七方面的职责。

以下介绍有关法律、法规对制定安全生产责任制的要求。

一、《中华人民共和国安全生产法》要求

《安全生产法》第四条规定,生产经营单位必须遵守本法和其他有关安全生产的法律、法规,加强安全生产管理,建立、健全安全生产责任制和安全生产规章制度,改善安全生产条件,推进安全生产标准化建设,提高安全生产水平,确保安全生产。这就是我国法律确定的"生产经营单位安全生产主体责任"(图1-1),明确了建立、健全安全生产责任制是企业安全生产主体责任之一。

---

❶《安全生产法》第二条 在中华人民共和国领域内从事生产经营活动的单位(以下统称生产经营单位)的安全生产,适用本法;有关法律、行政法规对消防安全和道路交通安全、铁路交通安全、水上交通安全、民用航空安全以及核与辐射安全、特种设备安全另有规定的,适用其规定。

生产经营单位安全生产主体责任

1. 遵守本法和其他有关法律、法规
2. 加强安全生产管理
3. 建立、健全安全生产规章制度
4. 改善安全生产条件
5. 推进安全生产标准化建设

图 1-1　生产经营单位安全生产主体责任

《安全生产法》第十八条规定,生产经营单位的主要负责人对本单位安全生产工作负有以下职责(图 1-2):

(1)建立、健全本单位安全生产责任制。

(2)组织制定本单位安全生产规章制度和操作规程。

(3)组织制订并实施本单位安全生产教育和培训计划。

(4)保证本单位安全生产投入的有效实施。

(5)督促、检查本单位的安全生产工作,及时消除生产安全事故隐患。

(6)组织制定并实施本单位的生产安全事故应急救援预案。

(7)及时、如实报告生产安全事故。

图 1-2　生产经营单位的主要负责人对本单位安全生产工作的职责

生产经营单位的主要负责人对本单位安全生产工作的职责共七条,其中第一条就是"建立、健全本单位安全生产责任制"。由此可知,企业安全生产责任制在安全生产管理方面的重要性。同时,《安全生产法》第十九条进一步要求,生产经营单位的安全生产责任制应当明确各岗位的责任人员、责任范围和考核标准等内容。生产经营单位应当建立相应的机制,加强对安全生产责任制落实情况的监督考核,保证安全生产责任制的落实(图 1-3)。这条规定,是我国在法律层面上第一次明确安全生产责任制的具体要求。

为了配合第十八条生产经营单位的主要负责人对本单位安全生产工作负责的要求,最新修订的《安全生产法》增加了相应的处罚条款,并加大了处罚的力度,如第九十一条规定,生产经营单位的主要负责人未履行本法规定的安全生产管理职责的,责令限期改正;逾期未改正的,处 2 万元以上 5 万元以下的罚款,责令生产经营单位停产停业整顿。生产经营

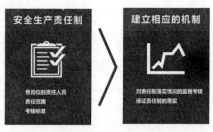

图 1-3　安全生产责任制有关要求

单位的主要负责人有前款违法行为,导致发生生产安全事故的,给予撤职处分;构成犯罪的,依照刑法有关规定追究刑事责任。生产经营单位的主要负责人依照前款规定受刑事处罚或者撤职处分的,自刑罚执行完毕或者受处分之日起,5年内不得担任任何生产经营单位的主要负责人;对重大、特别重大生产安全事故负有责任的,终身不得担任本行业生产经营单位的主要负责人。

根据上述处罚规定,生产经营单位的主要负责人因未履行安全生产管理职责而受到的处罚如图1-4所示。

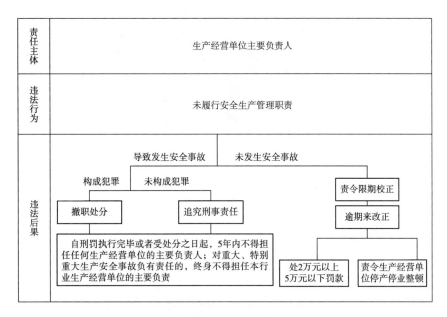

图1-4 未履行安全生产管理职责的处罚

《安全生产法》第九十二条规定,生产经营单位的主要负责人,未履行本法规定的安全生产管理职责,导致发生生产安全事故的,由安全生产监督管理部门依照下列规定处以罚款:

(1)发生一般事故的,处上一年年收入30%的罚款。
(2)发生较大事故的,处上一年年收入40%的罚款。
(3)发生重大事故的,处上一年年收入60%的罚款。
(4)发生特别重大事故的,处上一年年收入80%的罚款。

根据第九十二条,生产经营单位的主要负责人因未履安全生产管理职责导致发生生产安全事故而受到的处罚如图1-5所示。

建立、健全安全生产责任制是落实安全生产责任的核心,又涉及本单位各岗位、各环节以及每一名职工,必须由主要负责人亲自抓、直接抓才能做好。因此,将建立、健全本单位安全生产责任制规定为生产经营单位主要负责人的职责之一。

《安全生产法》第十条要求,国务院有关部门应当按照保障安全生产的要求,依法及时制定有关的国家标准或者行业标准,并根据科技进步和经济发展适时修订。该条也是制定《危险货物道路运输企业安全生产责任制编写要求》(JT/T 913—2014)的法律依据。

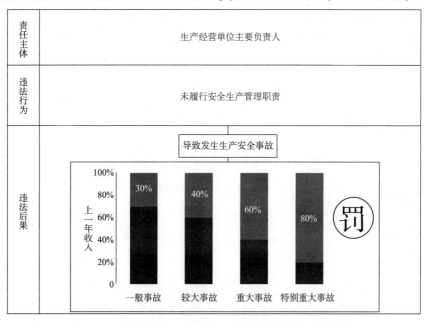

图1-5 未履安全生产管理职责,导致发生生产安全事故的处罚

二、有关条例、部门规章要求

《危险化学品安全管理条例》(国务院令第591号,2011年12月1日实施)第一章第四条第三款规定,危险化学品单位应当具备法律、行政法规规定和国家标准、行业标准要求的安全条件,建立、健全安全管理规章制度和岗位安全责任制度……这里提到的"岗位安全责任制",即是《安全生产法》要求的安全生产责任制。

《中华人民共和国道路运输条例》(国务院令第406号,2004年7月1日实施,以下简称《道路运输条例》)第二十四条规定,申请从事危险货物运输经营的,还应当符合下列条件……(四)有健全的安全生产管理制度。明确企业要建立、健全安全生产责任制。

《道路危险货物运输管理规定》(根据交通运输部令2016年第36号修订,以下简称《危规》)第八条第四款要求,企业有健全的安全生产管理制度:

(1)企业主要负责人、安全管理部门负责人、专职安全管理人员安全生产责任制度。

(2)从业人员安全生产责任制度。

(3)安全生产监督检查制度。

(4)安全生产教育培训制度。

(5)从业人员、专用车辆、设备及停车场地安全管理制度。

(6)应急救援预案制度。

(7)安全生产作业规程。

(8)安全生产考核与奖惩制度。

(9)安全事故报告、统计与处理制度。

《危规》第十条要求,申请从事道路危险货物运输经营的企业,应当向所在地设区的市级道路运输管理机构提交第八条第四款规定的有关安全生产管理制度文本(包括企业主要负责人、安全管理部门负责人、专职安全管理人员安全生产责任制度、从业人员安全生产责任制度)等材料。该条要求说明"安全生产管理制度"是运管机构许可从事道路危险货物运输经营的条件之一,也是企业依法运输的承诺。

上述国家法律和行业管理部门规章均要求危险货物道路运输企业应当有健全的安全生产责任制和安全生产管理制度,也就是说,建立、健全安全生产责任制和管理制度是法律对危险货物道路运输企业的要求、是企业法定义务和企业经营管理的必备条件。同时,安全生产责任制是企业的许可条件,也是各级道路运输管理机构对企业进行监督的内容之一。

三、《企业安全生产责任体系五落实五到位规定》

为了进一步健全安全生产责任体系、强化企业安全生产主体责任落实、加快实现全国安全生产形势根本好转,2015年3月16日国家安全监管总局印发《企业安全生产责任体系五落实五到位规定》(安监总办〔2015〕27号,以下简称《五落实五到位规定》)。

1.《五落实五到位规定》

"五落实"是指:

(1)必须落实"党政同责"要求,董事长、党组织书记、总经理对本企业安全生产工作共同承担领导责任。

(2)必须落实安全生产"一岗双责",所有领导班子成员对分管范围内安全生产工作承担相应职责。

(3)必须落实安全生产组织领导机构,成立安全生产委员会,由董事长或总经理担任主任。

(4)必须落实安全管理力量,依法设置安全生产管理机构,配齐配强注册安全工程师等专业安全管理人员。

(5)必须落实安全生产报告制度,定期向董事会、业绩考核部门报告安全生产情况,并向社会公示。

"五到位"是指:

(1)必须做到安全责任到位。

(2)必须做到安全投入到位。

(3)必须做到安全培训到位。

(4)必须做到安全管理到位。

(5)必须做到应急救援到位。

安全生产关系人民群众生命和财产安全,其责任是做好安全生产工作的灵魂。企业是生产经营建设活动的市场主体,承担安全生产主体责任,是保障安全生产的根本和关键所在,其中企业领导责任则是关键中的关键。分析近年来的事故可以发现,大部分事故的发生是企业安全生产主体责任不落实、企业领导不重视、安全管理薄弱等造成的。只有进一步强化企业安全生产主体责任，落实企业领导责任，从源头上把关，才能从根本上防止和减少生产安全事故的发生。

习近平总书记强调，要抓紧建立健全"党政同责、一岗双责、齐抓共管"的安全生产责任体系，把安全责任落实到岗位、落实到人头，坚持"管行业必须管安全，管业务必须管安全，管生产经营必须管安全"；所有企业必须认真履行安全生产主体责任，做到安全投入到位、安全培训到位、基础管理到位、应急救援到位。新修订的《安全生产法》也从多个方面，对进一步强化和落实安全生产主体责任进行了具体规定。制定《五落实五到位规定》，是新《安全生产法》的必然要求。

《五落实五到位规定》是贯彻落实党中央、国务院决策部署和习近平总书记重要指示精神的重大举措，是有关法律法规要求的归纳提炼和突出强调，抓住了企业安全生产的关键和根本，是企业必须履行的法定职责和义务。宣传贯彻好《五落实五到位规定》，对于保护职工生命安全、落实企业安全生产主体责任和实现安全生产状况持续稳定好转具有重要意义。

为了更好地宣传、落实《五落实五到位规定》，有关部门制作的宣传挂图如图1-6所示。

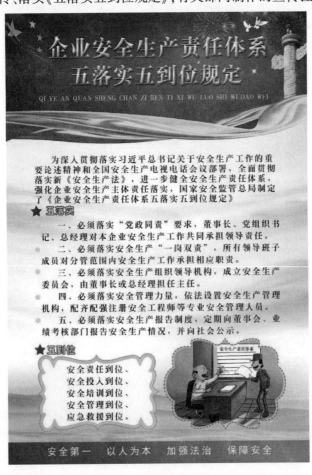

图1-6 五落实五到位挂图

2.《五落实五到位规定》的主要特点

《五落实五到位规定》中所指企业主要是指具有公司治理结构的企业,其他企业可参照执行。《五落实五到位规定》主要内容就是要求企业必须做到"五个落实、五个到位"。其主要特点是:

(1)依法依规,言之有据。《五落实五到位规定》是以部门规范性文件发布的,但其中的每一个必须、每一项要求,都依据了安全生产相关法律法规,都是有法可依的。违反了规定,就要依法进行处罚。

(2)突出重点,切中要害。《五落实五到位规定》牢牢扣住了责任这个安全生产的灵魂,对如何落实企业安全生产责任特别是领导责任作出了明确规定,切中了企业安全生产工作的要害。如果企业把这几条规定真正落实到位了,就会大大提高安全生产水平,从根本上防止和减少生产安全事故发生。

(3)简明扼要,便于操作。《五落实五到位规定》只有226个字,简明扼要,一目了然。其基本要求在相关法律法规规程中都有体现,但还不够清晰、具体,许多企业不够熟悉。通过制定《五落实五到位规定》,把企业应该做的、必须做的基本要求都规定得非常清楚,便于记忆与操作。

3.《五落实五到位规定》的说明

为深刻领会、准确理解《五落实五到位规定》的主要内容和精神实质,以下对《五落实五到位规定》的条款进行逐条简要解释说明(释义)。

(1)必须落实"党政同责"要求,董事长、党组织书记、总经理对本企业安全生产工作共同承担领导责任。

释义:企业的安全生产工作能不能做好,关键在于主要负责人。实践也表明,凡是企业主要负责人高度重视的、亲自动手抓的,安全生产工作就能够得到切实有效的加强和改进,反之就不可能搞好。因此,必须明确企业主要负责人的安全生产责任,促使其高度重视安全生产工作,保证企业安全生产工作有人统一部署、指挥、推动、督促。《安全生产法》第五条明确规定,生产经营单位的主要负责人对本单位的安全生产工作全面负责。第十八条规定的企业主要负责人对安全生产工作负有的职责包括:建立、健全本单位安全生产责任制;组织制定本单位安全生产规章制度和操作规程;组织制订并实施本单位安全生产教育和培训计划;保证本单位安全生产投入的有效实施;督促、检查本单位的安全生产工作,及时消除生产安全事故隐患;组织制定并实施本单位的生产安全事故应急救援预案;及时、如实报告生产安全事故等。

企业中的基层党组织是党在企业中的战斗堡垒,承担着引导和监督企业遵守国家法律法规、参与企业重大问题决策、团结凝聚职工群众、维护各方合法权益、促进企业健康发展的重要职责。习近平总书记强调要落实安全生产"党政同责";党委要管大事,发展是大事,安全生产也是大事;党政一把手必须亲力亲为、亲自动手抓。因此,各类企业必须要落实"党政同责"的要求,党组织书记要和董事长、总经理共同对本企业的安全生产工作承担领导责任,也要抓安全、管安全,发生事故要依法依规一并追责。

(2)必须落实安全生产"一岗双责",所有领导班子成员对分管范围内安全生产工作承担相应职责。

释义:安全生产工作是企业管理工作的重要内容,涉及企业生产经营活动的各个方面、各个环节、各个岗位。安全生产人人有责、各负其责,这是做好企业安全生产工作的重要基础。抓好安全生产工作,企业必须要按照"一岗双责""管业务必须管安全、管生产经营必须管安全"的原则,建立健全覆盖所有管理和操作岗位的安全生产责任制,明确企业所有人员在安全生产方面所应承担的职责,并建立配套的考核机制,确保责任制落实到位。《安全生产法》第十九条规定,生产经营单位的安全生产责任制应当明确各岗位的责任人员、责任范围和考核标准等内容。

企业领导班子成员中,主要负责人要对安全生产负总责,其他班子成员也必须落实安全生产"一岗双责",既要对具体分管业务工作负责,也要对分管领域内的安全生产工作负责,始终做到把安全生产与其他业务工作同研究、同部署、同督促、同检查、同考核、同问责,真正做到"两手抓、两手硬"。这也是习近平总书记重要讲话所要求的,是增强各级领导干部责任意识的需要。所有领导干部,不管在什么岗位、分管什么工作,都必须在做好本职工作的同时,担负起相应的安全生产工作责任。

(3)必须落实安全生产组织领导机构,成立安全生产委员会,由董事长或总经理担任主任。

释义:企业安全生产工作涉及各个部门,协调任务重,难以由一个部门单独承担。因此,企业要成立安全生产委员会来加强对安全生产工作的统一领导和组织协调。企业安全生产委员会一般由企业主要负责人、分管负责人和各职能部门负责人组成,主要职责是定期分析企业安全生产形势,统筹、指导、督促企业安全生产工作,研究、协调、解决安全生产重大问题。安全生产委员会主任必须要由企业主要负责人(董事长或总经理)来担任,这有助于提高安全生产工作的执行力,有助于促进安全生产与企业其他各项工作的同步协调进行,有助于提高安全生产工作的决策效率。另外,主要负责人担任安全生产委员会主任,也体现了对安全生产工作的重视,体现了对企业职工的感情,体现了勇于担当、敢于负责的精神。

(4)必须落实安全管理力量,依法设置安全生产管理机构,配齐配强注册安全工程师等专业安全管理人员。

释义:落实企业安全生产主体责任,需要在企业内部组织架构和人员配备上对安全生产工作予以保障。安全生产管理机构和安全生产管理人员,是企业开展安全生产管理工作的具体执行者,在企业安全生产中发挥着不可或缺的作用。分析近年来发生的事故,企业没有设置相应的安全生产管理机构或者配备必要的安全生产管理人员,是重要原因之一。因此,对一些危险性较大行业的企业或者从业人员较多的企业,必须设置专门从事安全生产管理的机构或配置专职安全生产管理人员,确保企业日常安全生产工作时时有人抓、事事有人管。

《安全生产法》第二十一条规定,矿山、金属冶炼、建筑施工、道路运输单位和危险物品的生产、经营、储存单位,应当设置安全生产管理机构或者配备专职安全生产管理人员。前款规定以外的其他生产经营单位,从业人员超过100人的,应当设置安全生产管理机构或者配备专职安全生产管理人员;从业人员在100人以下的,应当配备专职或者兼职的安全生产管理人员。第二十四条第三款规定,危险物品的生产、储存单位以及矿山、金属冶炼单位应当有注册安全工程师从事安全生产管理工作。鼓励其他生产经营单位聘用注册安全工程师从事安全生产管理工作。

(5)必须落实安全生产报告制度,定期向董事会、业绩考核部门报告安全生产情况,并向社会公示。

释义:企业安全生产责任制建立后,还必须建立相应的监督考核机制,强化安全生产目标管理,细化绩效考核标准,并严格履职考核和责任追究,来确保责任制的有效落实。《安全生产法》第十九条规定,生产经营单位应当建立相应的机制,加强对安全生产责任制落实情况的监督考核,保证安全生产责任制的落实。安全生产报告制度,是监督考核机制的重要内容。安全生产管理机构或专职安全生产管理人员要定期对企业安全生产情况进行监督考核,定期向董事会、业绩考核部门报告考核结果,并与业绩考核和奖惩、晋升制度挂钩。报告主要包括企业安全生产总体状况、安全生产责任制落实情况、隐患排查治理情况等内容。

(6)必须做到安全责任到位、安全投入到位、安全培训到位、安全管理到位、应急救援到位。

释义:企业要保障生产经营建设活动安全进行,必须在安全生产责任制度和管理制度、生产经营设施设备、人员素质、采用的工艺技术等方面达到相应的要求,具备必要的安全生产条件。从实际情况看,许多事故发生的重要原因就是企业不具备基本的安全生产条件,为追求经济利益,冒险蛮干、违规违章,甚至非法违法生产经营建设。《安全生产法》第十七条规定,生产经营单位应当具备本法和有关法律、行政法规和国家标准或者行业标准规定的安全生产条件;不具备安全生产条件的,不得从事生产经营活动。第四条规定,生产经营单位必须遵守本法和其他有关安全生产的法律、法规,加强安全生产管理,建立、健全安全生产责任制和安全生产规章制度,改善安全生产条件,推进安全生产标准化建设,提高安全生产水平,确保安全生产。"五个到位"的要求在相关法律法规、规章标准中都有具体规定,是企业保障安全生产的前提和基础,是企业安全生产基层、基础、基本功"三基"建设的本质要求,必须认真落实到位。

企业要高度重视《五落实五到位规定》的学习和宣贯活动,主要负责同志要直接抓,细化任务分工,层层落实责任,积极协调指导,及时掌握进展情况,研究解决存在的问题。各企业要将挂图(图1-6)在醒目位置张贴,确保无遗漏、全覆盖。要求所有企业做到以下两点:

(1)必须组织职工逐条逐字深入学习,领会精神实质,把握准确内涵,自觉落实到企业管理的全过程、落实到安全生产的每个环节。

（2）要逐条对照《五落实五到位规定》对本单位安全生产工作情况进行一次全面梳理，认真查找不足和漏洞，按照《五落实五到位规定》的要求进一步健全并落实安全生产责任和安全生产规章制度，加强安全管理、加大安全投入、改善安全生产条件，切实提高安全生产水平，有效防范各类事故发生。

有关政府部门要做到以下两点：

（1）狠抓典型，以点带面。各地区要及时发现和总结在贯彻执行《五落实五到位规定》方面好的典型经验，以点带面，发挥典型引路作用，全面带动所有企业加强安全生产工作。要严厉查处反面典型，对不严格落实《五落实五到位规定》、敷衍应付，造成事故发生的，要认真追查原因，严格按照"四不放过"的原则，依法追究企业负责人责任，并通过事故通报、警示教育、召开现场会等形式，吸取教训，真正做到"一矿出事故、万矿受教育，一地有隐患、全国受警示"。

（2）加强督导，严格执法。各级安全监管监察部门要密切关注《五落实五到位规定》的贯彻落实情况，及时开展专项监督检查和工作指导，认真研究、协调解决贯彻实施中出现的突出问题。督促企业把规定的每一项要求逐一落实执行到位，不留死角。对违反规定的，要依法依规严肃追究有关单位和人员的责任。要把督促落实《五落实五到位规定》纳入全年执法计划，作为深化安全专项整治、强化"打非治违"的重要举措，特别是要加强对《五落实五到位规定》落实情况的随机动态抽查和检查，确保扎扎实实推进落实，杜绝形式主义和做表面文章。

第三节　危险货物道路运输安全管理

《安全生产法》要求，生产经营单位运输危险物品，必须执行有关法律、法规和国家标准或者行业标准，建立专门的安全管理制度，采取可靠的安全措施，接受有关主管部门依法实施的监督管理❶。本节重点介绍涉及危险货物道路运输安全管理的法律、法规和国家标准或行业标准。

为便于更直观地了解我国危险货物道路运输安全管理相关的法律、法规、标准体系，以下采用图表的形式进行介绍。有关具体内容可以参考《危险货物道路运输安全管理手册》（法规篇）。

一、涉及危险货物道路运输安全管理的相关法律、法规

1. 涉及危险货物道路运输安全管理的法律、法规

涉及危险货物道路运输安全管理的法律、法规如图1-7所示。

---

❶参见《安全生产法》第三十六条。

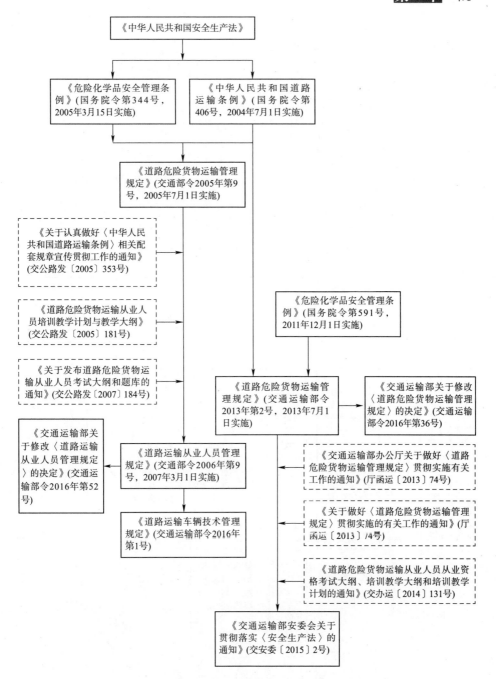

图1-7 危险货物道路运输安全管理相关法律、法规

2. 纳入危险货物道路运输管理的法规

有关纳入危险货物道路运输管理的法规如图1-8所示。

3. 涉及特殊道路运输要求的法规

涉及特殊道路运输要求的法规如图1-9所示。

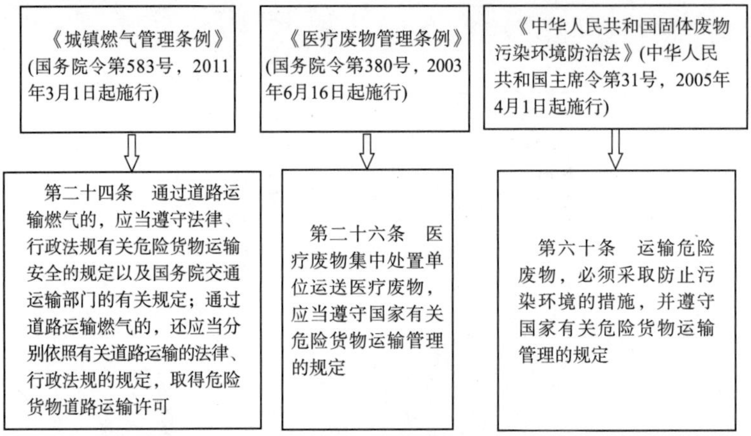

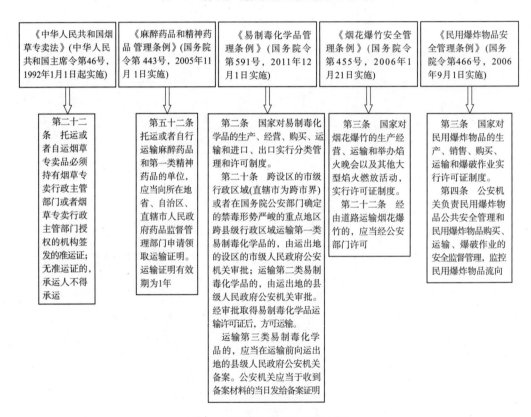

图1-8 有关纳入危险货物道路运输管理的法规

图1-9 特殊道路运输要求相关法规

二、涉及危险货物道路运输安全管理的标准

1. 涉及危险货物道路运输安全管理的国家标准

1)危险货物道路运输安全管理的基础性国家标准

涉及危险货物道路运输安全管理的基础性国家标准如图1-10所示。

第一章 概述

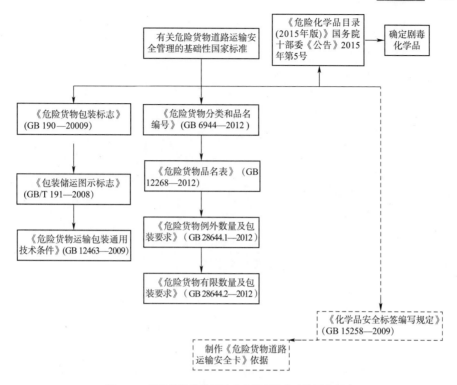

图1-10 危险货物道路运输安全管理的基础性国家标准

2）危险货物道路运输安全管理的专业性国家标准

涉及危险货物道路运输安全管理的专业性国家标准如图1-11所示。

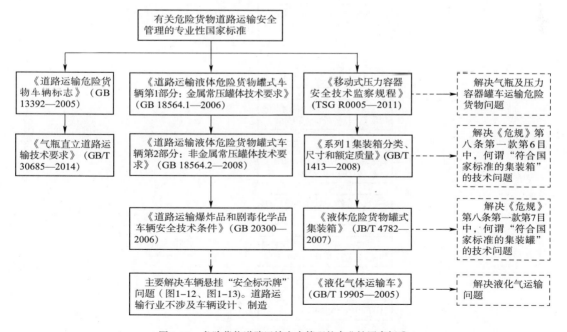

图1-11 危险货物道路运输安全管理的专业性国家标准

品　　名		种　　类	
罐体容积		核载质量	
施救方法			
联系方法			

图 1-12　罐式车安全标示牌示例

品　　名		种　　类	
厢体容积		核载质量	
施救方法			
联系方法			

图 1-13　厢式车安全标示牌示例

2. 涉及危险货物道路运输安全管理的行业标准

涉及危险货物道路运输安全管理的行业标准如图 1-14 所示。

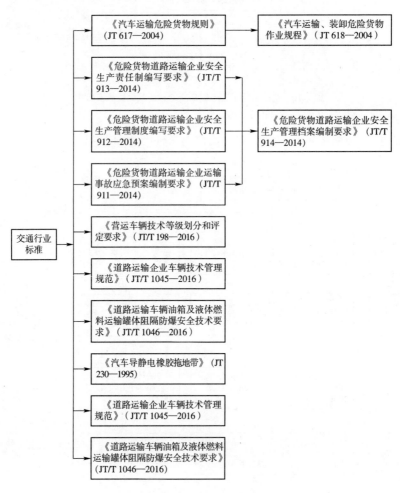

图 1-14　危险货物道路运输安全管理的行业标准

第二章

我国危险货物道路运输企业安全管理现状

为了有针对性地指导我国危险货物道路运输企业编写安全生产管理制度,本章主要介绍我国危险货物道路运输的行业现状和企业管理模式及存在的主要问题。

第二章 我国危险货物道路运输企业安全管理现状

第一节 我国危险货物道路运输行业概况

我国危险货物道路运输呈现数量大、品种多、长距离大宗货物运输和短距离多频次配送的特点。据不完全统计,我国每年通过道路运输危险货物超过 10 亿 t(其中成品油运输量超过 3 亿 t)、3000 多个品种,其中易燃易爆油品类达 3 亿 t、液氯超过 600 万 t、液氨超过 500 万 t、剧毒氰化物超过 150 万 t。

一、危险货物道路运输业户情况[1]

据统计,2015 年全国从事危险货物道路运输的业户为 10695 户,同比减少 2.5%。其中,经营性危险货物道路运输业户 10396 户,同比减少 274 户,降低 2.6%,经营性业户占危险货物道路运输总业户的比例为 97.2%,同比下降 0.1 个百分点,非经营性危险货物运输经营业户 299 户,同比增加 4 户。2011—2015 年危险货物道路运输业户数变化见表 2-1 和图 2-1。

2011—2015 年危险货物道路运输业户发展情况　　　　表 2-1

指　　标	2011 年	2012 年	2013 年	2014 年	2015 年
业户总数(户)	9790	10307	10621	10965	10695
经营性业户数(户)	9271	9609	10122	10670	10396
非经营性业户数(户)	187	181	185	295	299
经营性业户占比(%)	98.2	98.2	98.1	97.3	97.2

注:在危险货物道路运输行业,通常把经营性危险货物道路运输业户,称为"危险货物道路运输企业";把非经营性危险货物道路运输业户,称为"危险货物道路运输单位"。

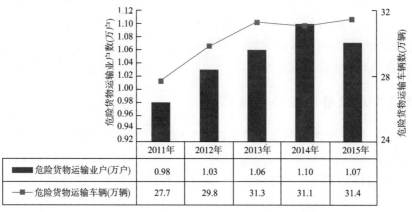

图 2-1　2011—2015 年全国危险货物道路运输业户及车辆发展情况

---

[1] 数据引自《中国道路运输发展报告(2015)》。

按照《危险货物分类与品名编号》(GB 6944—2012)的分类,2015年全国危险货物道路运输业户经营范围分布见表2-2。

2015年全国危险货物道路运输业户经营范围分布　　　　表2-2

运 输 物 质	业户数(户)	占业户总数比例(%)
第1类　爆炸品	1454	13.6
第2类　气体	5959	55.7
第3类　易燃液体	6721	62.8
第4类　易燃固体,易于自然的物质和遇水放出易燃气体的物质	1967	18.4
第5类　氧化性物质和有机过氧化物	1576	14.7
第6类　毒性物质和感染性物质	1858	17.4
第8类　腐蚀性物质	3360	31.4
第9类　杂项危险物质和物品	1168	10.9
剧毒化学品	604	5.6

注:由于某个危险货物道路运输企业的经营范围可能涉及运输几类危险货物,故占业户总数比例总和大于100%。

由表2-2可知:

(1)第3类易燃液体的危险货物道路运输企业数占一半以上(62.8%)。这个数字还不包括分布在全国各地中小城市配送汽油、柴油的分公司,可见我国成品油配送量很大。

(2)剧毒化学品道路运输企业较少,仅占5.6%。这是因为我国对危险货物道路运输实施分类管理后❶,从源头上加大了对危害极大的剧毒化学品、爆炸品的安全管理。爆炸品道路运输企业占13.6%,比例较大,其主要原因是有关部门要求运输民用爆炸品、烟花爆竹的企业,先要取得爆炸品道路运输的资质。

综上所述,由于大宗货物易燃液体道路运输企业占一半以上,且易燃液体主要是常压罐车运输,尤其近几年危险货物道路运输事故中易燃液体、常压罐车的重大责任事故比例较大,故要以常压罐车作为加强管理的重点。

二、危险货物道路运输车辆情况❷

截至2015年年底,全国危险货物道路运输车辆(包括危险货物道路运输挂车)达31.4万辆,同比增加0.83%,平均每个经营业户拥有车辆29.3辆,同比增加0.9辆。吨位总计为521.5万t,同比增长5.2%,平均每户载质量为487.6t,同比增长7.8%。

---

❶《危规》(交通运输部令2013年第2号)提出了"运输剧毒化学品、爆炸品的,自有专用车辆(挂车除外)10辆以上"和"从事剧毒化学品、爆炸品道路运输的驾驶人员、装卸管理人员、押运人员,应当经考试合格,取得注明为'剧毒化学品运输'或者'爆炸品运输'类别的从业资格证"等的新要求。

❷数据引自《中国道路运输发展报告(2015)》。

第二章 我国危险货物道路运输企业安全管理现状

在危险货物道路运输企业中,拥有车辆数在100辆及以上的企业,占6.7%,同比降低0.1个百分点;拥有车辆数在50~99辆的企业占11.7%,同比增长0.5个百分点;拥有车辆数在10~49辆的企业占52.0%,同比增长2.3个百分点;拥有车辆数在10辆以下的企业占29.7%,同比下降2.8个百分点,个体运输户已完全退出危险货物道路运输市场。

2015年,全国安装卫星定位车载终端系统的危险货物道路运输车辆有17.3万辆,占危险货物道路运输车辆总数(不包含危险货物道路运输挂车)的比例达到90.9%,同比上升5.7个百分点,如图2-2所示。

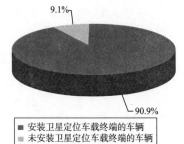

图2-2 2015年全国安装卫星定位车载终端的危险货物道路运输车辆比例

2015年,危险货物道路运输业户、车辆数及吨位数在全国东、中、西部地区分布也不均衡,如图2-3所示。

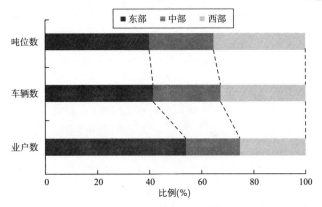

图2-3 2015年全国危险货物道路运输业户数、车辆及吨位数地区分布情况

全国危险货物道路运输车辆总计吨位列前10位的省(自治区)如图2-4所示。从总体情况看,危险货物运输资源主要集中在东部地区。

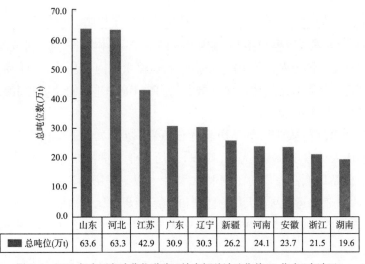

图2-4 2015年全国危险货物道路运输车辆总计吨位前10位省(自治区)

三、危险货物道路运输从业人员情况[1]

截至 2015 年年底,全国共有道路货物运输从业人员 2138.8 万人,同比减少 0.6%。其中,危险货物运输驾驶人员 71.2 万人,同比增长 15.0%;危险货物运输押运人员 62.4 万人,同比增长 6.0%;危险货物运输装卸管理人员 7.0 万人,同比下降 6.6%。2015 年,危险货物道路运输从业人员地区分布情况见表 2-3。

2015 年危险货物道路运输从业人员地区分布情况 表 2-3

类型	东部		中部		西部	
	数量(万人)	在全国占比(%)	数量(万人)	在全国占比(%)	数量(万人)	在全国占比(%)
驾驶人员	43.2	60.6	14.2	20.1	13.8	19.3
押运人员	39.8	63.8	12.6	20.1	10.1	16.1
装卸管理人员	3.5	50.2	2.0	27.8	1.5	22.0

2011—2015 年危险货物道路运输驾驶人员、押运人员、装卸管理人员人数变化见表 2-4。由表 2-4 可以看到,我国危险货物道路运输从业人员的数量稳步增长。

2011—2015 年危险货物道路运从业人员发展情况(单位:万人) 表 2-4

类型	2011 年	2012 年	2013 年	2014 年	2015 年
驾驶人员	49.1	54.5	59.6	62	71.2
押运人员	44.2	50.5	55.1	58.9	62.4
装卸管理人员	6.9	7.1	7.6	7.5	7.0
合计	100.2	112.1	122.3	128.4	140.6

2015 年 5 月至 8 月,交通运输部运输服务司会同部职业资格中心,对危险货物运输驾驶人员、押运人员和装卸管理人员等 10 个重点道路运输重点岗位从业人员的从业状况进行了调查,其中收回危险货物道路运输从业人员有效问卷 10663 份,危险货物道路运输企业有效问卷 437 份,调查结果分析如下。

(1)从危险货物运输从业人员学历教育程度看,初中及以下学历人员占 48.5%,高中(中专、职高)学历人员占 44.8%,大专(高职)学历从业人员占 5.6%,本科及以上学历从业人员占 1.1%。低学历从业人员的比例很高,高中及以下学历的占 93.3%。

(2)从危险货物道路运输从业人员的性别和年龄看,男性比例达 92.2%,女性比例为 7.8%。25 岁以下从业人员约为 2%,25~35 岁的从业人员约为 21.79%,36~45 岁的从业人员约为

---

[1] 数据引自《中国道路运输发展报告(2015)》。

第二章 我国危险货物道路运输企业安全管理现状

51.25%,45~55岁的从业人员约为23.5%,55岁以上的人员约为1.6%。由于年轻人较多(45岁以下人员占75%以上),人员流动性也较大。

(3)从危险货物道路运输从业人员的缺口及来源看,危险货物运输从业人员缺口率约为31.5%,预计2020年缺口将更大❶。14.3%的从业人员来自其他行业转行,33.4%的从业人员来自进城务工人员,4.1%的从业人员来自应届毕业生,48.3%的从业人员来自其他企业。

总体来看,危险货物道路运输从业人员存在学历低、流动大、缺口大的问题。

以上介绍了我国危险货物道路运输行业现状,下面根据2005年与2015年危险货物道路运输业户、车辆、从业人员数的变化(表2-5),进一步分析危险货物道路运输行业的变化趋势。

2005年与2015年危险货物道路运输业户变化情况　　　　表2-5

指标	业户(万户)	车辆(万辆)	平均车辆数(万辆/万户)	从业人员(万人)
2005年	0.73	13	18	21
2015年	1.07	31.4	29.3	140.6
增长(%)	47	142	63	564

由表2-5可知,近10年以来危险货物道路运输业户、车辆、平均车辆数、从业人员数分别增加了47%、142%、63%、564%。这组数据首先说明,为了适应危险货物道路运输需求量的快速增加,危险货物道路运输行业也在迅速发展。其次说明,一是危险货物道路运输企业为国家纳税,并解决了大量就业人员;二是国家有关危险货物道路运输的行业政策,不但不限制行业发展,而且促进了行业发展;三是平均车辆数增加到29.3万辆/万户(是普通货物道路运输业户的20多倍),说明企业在向集约化、规模化发展❷。

第二节　我国危险货物道路运输企业安全管理现状

我国企业安全管理模式,常见的有如图2-5~图2-7所示的3种。

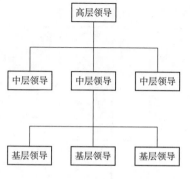

图2-5　企业直线形安全管理组织结构

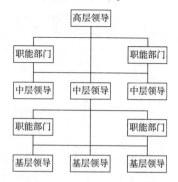

图2-6　企业职能制安全管理组织结构

---

❶数据来源于交通运输部运输服务司、职业资格中心2015年12月编制的《道路运输重点岗位从业人员状况调查报告》。
❷这个比较,是相对普通货物道路运输业户平均车辆数不到2而言的。

我国不同规模的危险货物道路运输企业,其管理模式也不同。为了便于分析,根据第一节"我国危险货物道路运输行业概况"中企业拥有车辆,将企业分为:大型企业、中型企业、小型企业。同时,考虑非经营性危险货物道路运输单位,作为一种形式也将在本节予以介绍。

危险货物道路运输企业各层级安全生产管理责任,一般实行"三级"管理(即主要负责人、分管负责人、具体责任人),分级负责;明确各层级的工作职责,连接责任分工、责任落实、责任追究三个节点,一级抓一级,层层抓落实,构成安全生产管理闭环链条。危险货物道路运输企业安全生产管理组织架构如图2-8所示。

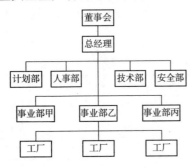

图2-7 事业制安全管理组织结构

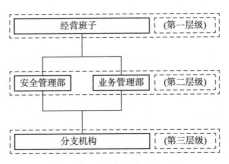

图2-8 危险货物道路运输企业安全生产管理组织架构

(1)经营班子(第一)层级:负责人、正副经理等,负有安全生产的全面责任。

(2)部门(第二)层级:安全管理部门负责人(综合安全责任人),负责协助分管安全负责人组织实施、综合管理及监督检查安全生产工作;运营管理部门负责人(具体责任人),对本部门的安全生产工作负直接管理责任。

(3)分支机构(第三)层级:分支机构负责人(具体责任人),对本部门(安全员、驾驶人员、押运人员、装卸管理人员)安全生产负全面责任。

危险货物道路运输企业安全生产管理组织架构应包括企业主要负责人,运输经营、安全管理等部门负责人及分支机构的主要负责人见表2-6。

危险货物道路运输企业安全生产管理组织架构表　　　表2-6

序号	部门	职位	安全生产管理岗位	备注
1	经营班子	主要负责人	第一责任人	
2		分管安全管理负责人	直接责任人	
3		分管运营管理负责人	具体责任人	
4	安全管理部门	部门经理	综合安全责任人	
5	运营管理部门	部门经理	具体责任人	
6	分支机构(岗位)	专职安全管理人员	具体责任人	
		驾驶人员		
		押运人员		
		装卸管理人员		

第二章　我国危险货物道路运输企业安全管理现状

一、大型企业安全管理现状

截至 2015 年年底,我国危险货物道路运输企业中拥有车辆在 50 辆以上的企业有 1900 余家,占危险货物道路运输企业总数的 18.3%,这些企业称为大型企业。

1. 大型企业特点

根据调查,大型企业基本上都设有危险货物道路运输专用停车场,并统一集中停放管理。同时,按照《安全生产法》的规定,设置了安全生产管理机构。

大型企业的经营班子(第一)层级:负责人、正副经理等,负有安全生产的全面责任。

部门(第二)层级:安全管理部门负责人(综合安全责任人,大多机构名称为安全部),协助分管安全负责人,负责组织实施、综合管理及监督检查安全生产工作;运营管理部门负责人(具体责任人,大多机构名称为调度中心、调度组、卫星定位监控部、车辆调配科、运营中心、管理中心、标准化管理办公室等),对本部门的安全生产工作负直接管理责任。

分支机构(第三)层级:分支机构负责人(具体责任人,大多分成几个车队、仓储组等),对本部门(安全员、驾驶人员、押运人员、装卸管理人员)安全生产负全面责任。

2. 案例企业情况介绍

(1)某石油运输公司的安全生产管理组织架构如图 2-9 所示。该石油运输公司将"安全环保部"设置在公司机关部门,统一管理基层单位(子公司、分公司等)的安全生产(危险货物道路运输)工作。

(2)某物流公司 A 的安全生产管理组织架构如图 2-10 所示。该物流公司由"运营部"下设的车队管理中心、审核管理中心负责运输安全工作。

(3)某物流公司 B 的安全生产管理组织架构如图 2-11 所示。该公司设置"安全副总"专职负责安全生产管理工作。同时,根据《安全生产法》的有关规定,设置安全管理机构,如图 2-12 所示。

二、中型企业安全管理现状

截至 2015 年年底,我国危险货物道路运输企业中拥有车辆在 10~49 辆之间的企业有 5410 余家,占危险货物道路运输企业总数的 52.0%,这些企业称为中型企业。

根据调查,在中型企业中,车辆数较多(车辆数大于 40 辆)的企业,按照《安全生产法》的规定设置了安全生产管理机构;车辆数较少的企业,按照《安全生产法》的规定配备了专职安全生产管理人员。

中型企业的经营班子(第一)层级:负责人、正副经理等,负有安全生产的全面责任。

部门(第二)层级:安全管理部门负责人(综合安全责任人,大多机构名称为安全科、办公室、综合事务部、安全环保部等),协助分管安全负责人,负责组织实施、综合管理及监督检查安全生产工作;运营管理部门负责人(具体责任人,大多机构名称为调度室、车辆调配科、运营科、业务科、办公室等),对本部门的安全生产工作负直接管理责任。一般由调度室负责动态监控,部分企业由办公室负责动态监控。

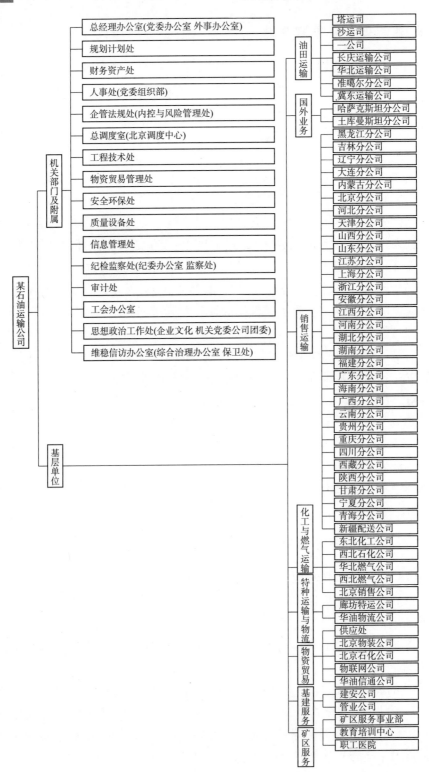

图 2-9 某石油运输公司的安全生产管理组织架构

第二章　我国危险货物道路运输企业安全管理现状

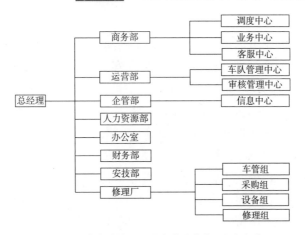

图 2-10　某物流公司 A 的安全生产管理组织架构

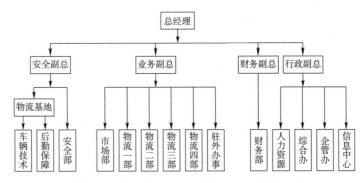

图 2-11　某物流公司 B 的安全生产管理组织架构

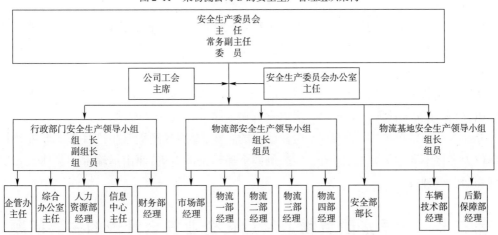

图 2-12　某物流公司 B 的安全生产管理具体机构图

分支机构(第三)层级:分支机构负责人(具体责任人,大多分成几个车队、仓储组等),对本部门(安全员、驾驶人员、押运人员、装卸管理人员)安全生产负全面责任。

三、小型企业安全管理现状

截至 2015 年年底,我国危险货物道路运输企业中拥有车辆在 10 辆以下的企业有 3087

余家,占危险货物道路运输企业总数的29.7%,这些企业称为小型企业。

小型企业的经营班子(第一)层级:负责人、正副经理等,负有安全生产的全面责任。

部门(第二)层级:安全管理部门负责人(综合安全责任人,大多机构名称为安全科、办公室、综合事务部、安全环保部、综合应急部等),协助分管安全负责人,负责组织实施、综合管理及监督检查安全生产工作;运营管理部门负责人(具体责任人,大多机构名称为运输部、调度室、车辆调配科、运营科、业务科、办公室等),对本部门的安全生产工作负直接管理责任。一般由调度室负责动态监控,部分企业由办公室负责动态监控。

分支机构(第三)层级:分支机构负责人(具体责任人,大多分成几个车队、仓储组等),对本部门(安全员、驾驶人员、押运人员、装卸管理人员)安全生产负全面责任。

部分企业将不同层级的职能合并在一起,例如有的企业由经理全面负责,而由车队具体负责安全管理和运营管理等。

四、非经营性单位安全管理现状

截至2015年年底,我国非经营性危险货物道路运输单位有290余家,占2.7%,这些企业称为非经营性单位。非经营性危险货物道路运输单位(以下简称为非经营性运输单位),是指企业以生产危险化学品(或者使用危险化学品生产)为主的生产型企业。该企业为了做好销售服务,成立车队仅配送本单位所生产(所用)的危险化学品,其危险化学品道路运输不是经营性的。举例说明,某工业气体生产企业,注册资本、投资总额几十亿元人民币,其投入主要是生产工业气体。该企业仅使用注册资本、投资总额的百分之几(或者千分之几)购买车辆,为客户配送工业气体。这样的企业就是非经营性运输单位。

根据企业经营规模的不同,管理水平也有较大的区别。规模较大的生产企业,能够按照《安全生产法》的规定,设置独立的安全生产管理机构,配备专职安全管理人员,同时将交通安全管理作为重要的安全管理部分,纳入公司的总体安全管理与考核中,交通安全管理类似大型运输企业状况。规模较小的生产型企业,一般将交通安全管理归入企业安全生产管理机构中,由企业安全管理人员兼顾公司危险货物道路运输的安全管理。

非经营性运输单位中车辆数少、运输量小的企业,管理多侧重于生产环节。非经营性运输单位大多将不同层级职能合并在一起,例如由经理全面负责,而由运输部门具体负责安全管理和运营管理等。

第三节 我国危险货物道路运输企业安全管理的主要问题

一、影响危险货物道路运输安全生产的因素

在我国,影响安全生产的因素有如下几个方面:

1. 人的因素

人的因素对于安全管理的影响是不言而喻的,主要取决于安全素质,包括安全意识、安

第二章 我国危险货物道路运输企业安全管理现状

全技能以及应急反应能力。人的安全意识越高,开展安全生产的能力越强,而且安全意识对于产品及其工艺设计人员、管理人员、政府有关部门官员也极为重要。安全技能是防止各类事故发生的基础,没有安全生产技能的从事生产工作,不发生事故是偶然的,发生安全事故将是必然的。应急反应能力是在紧急情况下,面对风险、快速决策、果断实施,避免安全生产事故或降低损失的基本技能。而据调查表明,人的安全素质的高低并不完全与其受教育的程度成正比。遗憾的是,高等教育却在很大程度上忽略了这一点,使得我们在培养了极少量的安全专业人才的同时,却培养了一些不具备基本安全素质的各类"人才",而这些"人才"设计的产品、工艺,管理的企业不可避免地会存在着安全上的缺陷。另一方面,他们在从事科学研究、试验、技术开发等各类活动中,也因事故的屡屡发生而遭受伤害和损失。而其中相当一部分事故对于具备基本安全素质的人来说,却是完全可以避免的。此外,安全素质的高低也会在紧急状态下的反应能力上得到体现。冷静地面对正在发生的意外事件,采取正确的应对措施,与束手无策、听天由命相比,其结果可能会大相径庭。我国大多数恶性事故之所以造成重大伤亡,与这一点不无关系。

2. 设备因素

没有良好的机械设备,安全生产就失去了根基,设备因素包括设施设备的维护修理和安全应急设施设备费用的投入。日常维护能够及时发现和消除生产过程中的故障和安全隐患,危险品运输生产人员在出车前和收车后,对自己车辆及设备等进行例行检查,并做好季节性维护和修理工作,使职工成为一种职业习惯,避免运输安全问题。此外,安全应急设施设备投入、更新、维护要及时,少了这一防线,就失守了安全应急的底线。舍不得在安全应急设备设施上投入,盲目凑合造成惨剧现象屡见不鲜,在此方面投入不能吝啬。

3. 管理因素

安全管理系统是整个企业管理系统中的一个子系统,与企业管理水平,甚至政府的管理水平的高低密切相关。当前国内总体管理水平的低下,势必会影响安全管理水平,国内传统上重技术轻管理的观念也对安全管理影响巨大。不改进管理水平,安全管理水平也不可能有根本性的变化;而安全管理中安全与经济效益相脱节的问题就是管理水平较低的一种表现方式。

4. 法律因素

在当今社会,法律对于约束人的行为、维护社会稳定起着至关重要的作用,对安全问题也是如此。没有一个完整的安全法律法规体系,就不能有一个公正的竞争环境,就会助长短期行为,产生恶性事故。我国改革开放初期,一些来中国投资者就利用我国安全法规体系不完善的漏洞,使得工伤事故,特别是职业卫生问题日益严重,同时也严重挫伤了国际一流企业来我国投资的信心和积极性。美国1970年实施的职业安全卫生法,被美国职业安全界称为美国安全史上的里程碑,也正是因为其体现了法制的重要地位。

5. 环境因素

环境因素,是指安全生产面对的外部环境,包括对人生命价值的认识和社会舆论环境。

生命是无价的,但在实际工作中,经营者们却会以金钱来衡量生命的价值,决定安全问题的取舍。如果工伤死亡一人花费数万元就可以了结,谁会花数十万、上百万元去搞安全整改呢。近年来我国伤亡索赔的案例中,大额赔偿案例屡见不鲜,同时新的《安全生产法》加大了对违法生产的处罚力度,一定会有所成效。如美国福特汽车公司设计上的一个小失误导致产品的安全缺陷,进而引发伤害事故,被政府一次罚款3亿美元,赔偿受害者19亿美元,如此企业定会在安全上加大投入以取得更好的效益。在社会舆论方面,在任何一个国家,以新闻媒介为主的社会舆论所产生的影响都是相当巨大的。利用新闻媒介的导向作用披露更多的社会现象,影响人们对于某些问题的认识与看法。所以社会舆论对安全问题的关注程度和剖析深度,直接影响人们,当然也包括各级领导对安全问题的重视程度。比如,新闻媒体片面地强调见义勇为的壮举,就会使不会水的青少年舍身却救不了人;而对安全隐患较大的环节予以曝光,就会使领导者或当事者不顾安全的行为有所顾忌与收敛,使政府和企业更加重视安全。

尽快解决包括上述问题在内的相关问题,尽快缩短我国在安全管理工作方面与发达国家的差距,无疑是安全科学界近年来最重要的工作之一。只有做到了这一点,我国才能真正保持可持续发展,安全水平才能跃上新的台阶,接近世界先进水平。否则,安全生产的问题就会拉整个国民经济的后腿,甚至影响社会安定。

二、危险货物道路运输企业安全管理存在的主要问题

随着市场对危险货物需求不断增加,危险货物道路运输市场不断发展,然而,危险货物道路运输业仍然存在诸多问题,归纳如下:

1. 危险货物生产集中、需求分散,配送难度大

我国危险化学品生产企业大多集中在东部沿海地区,需求却在全国各地,同时燃料、原料等大宗货物(如天然气、石油等)又多集中在西部地区,需求却多在东部地区,导致大量危险货物需要从生产地运往消费地,开展异地运输,配送路线过长,潜在风险较大。同时由于铁路运输能力的限制,危险货物配送主要依赖公路运输。但大宗危险货物并不适宜长距离道路运输,运输成本高、效率低、风险大。也就是说,由于危险货物道路运输半径过大,超过了经济运输距离,道路运输自身优势难以发挥。此外,由于国家有对危险货物运输车辆进入城市等区域实行车辆限制通行的规定❶,危险货物道路运输在城市配送方面,也存在进城难的问题。

2. 危险货物道路运输企业实力弱、专用车辆少,服务水平水平低

由本章第一节可知,我国危险货物道路运输企业拥有49辆车以下的企业占81.7%;拥有车辆数在10辆以下的企业占29.7%。由此可以看出,我国危险货物道路运输企业普遍存在规模小、经营实力弱的问题。因而多数危货运输企业仅能提供单一的运输服务,同时还存

---

❶《危险化学品安全管理条例》第四十九条 未经公安机关批准,运输危险化学品的车辆不得进入危险化学品运输车辆限制通行的区域。危险化学品运输车辆限制通行的区域由县级人民政府公安机关划定,并设置明显的标志。

第二章　我国危险货物道路运输企业安全管理现状

在专用车辆少、服务单一、专业化程度低等问题,难以提供高水平、高效率的整体物流供应链解决方案,无法适应市场发展需求。

3. 危险货物道路运输企业安全管理机制不健全,管理粗放

一是部分危险货物运输企业,安全管理机构及管理制度不健全,尤其是小型企业(家族式企业),没有配备专职安全管理人员;有些企业的管理人员法律意识、安全意识淡薄,缺乏安全生产知识和安全管理能力,凭直觉和经验进行管理,管理比较粗放。二是有些企业安全管理混乱,管理人员对所属人员及车辆运输货物不清楚、承托双方不清楚、起讫地点不清楚、运输路线不清楚。三是一些具有危险品运输资质企业的运输企业实行挂靠经营,但对挂靠车辆、驾驶人员疏于管理,挂而不管、以包代管的问题严重。四是一些危险货物运输企业,缺乏预防为主的事故管理理念,注重被动的事故管理,只重视分析事故结果。在实际管理工作中,定性的概念、口号多,定量的概念、可操作性规章少;存在"安全管理工作喊口号、制度挂墙上、工作无抓手"的问题。

4. 危险货物道路运输违规操作,安全隐患大

危险货物道路运输不符合规范的现象大量存在,成为造成安全隐患的重要因素。如《危规》要求"从事道路危险货物运输的驾驶人员、装卸管理人员、押运人员应当经所在地设区的市级人民政府交通运输主管部门考试合格,并取得相应的从业资格证",但是相当一部分危险货物道路运输从业人员文化素质低、安全意识淡薄,上岗培训教育不落实或流于形式,未能达到相关专业知识要求。有些从业人员,对危险货物运输知识了解少,操作不规范,出现事故时不能及时、妥当处理。无证运输危险货物和无证上岗的现象也时有发生,导致危险货物运输潜在危险性较大。一旦发生事故,这些人员无法及时采取准确措施,就会出现逃匿现象。

还有相当比例的车辆不符合有关技术要求或用普通车辆运送危险货物,专用安全设施和器材配备不全。另外,在危险货物道路运输中同样存在超载超限现象,在配载中也存在与普通物品混装甚至有毒物品与食品混装的现象。

在运输效率方面,目前我国相当比例的危险货物道路运输还存在重复运输、运力选择不当、运输半径过大等问题。相关问题的大量存在,使得运输过程中难以选择合适承载能力的运输工具,造成严重超载产生安全隐患,或者实载率低、浪费运力的现象。尤其是常压罐车,根据国家"车辆产品公告"的规定,只能运输一种液体危险货物,运输效率低下、极不科学,造成了很大的浪费。

5. 危险货物道路运输市场竞争激烈,运输价格恶意压低

危险货物道路运输相对于普货运输的利润空间较高。危险货物道路运输市场准入门槛低,货运信息不对称、运价体系不透明,普遍存在恶性竞争。首先,托运企业存在恶性压价的情况,一旦有人愿意低价接活,就会借机把价格压得更低,故流传着"你不超载有人超载,你不运有别人运",把市场搞得越来越乱。其次,有些承运企业为了占领市场,故意压低运价,恶性竞争,造成运输市场混乱;有些承运企业为追求利润最大化,恶性竞价、挂靠经营、超范

围经营、多拉快跑、铤而走险,导致超速、超载、超限、疲劳驾驶等问题,存在严重的安全隐患;还有一些无证经营危险货物运输企业和个人,非法从事危险货物道路运输,进一步激化运输市场的恶性竞争,严重影响了运输市场的正常秩序。更为严重的是,一些有资质的运输单位将承运的危险货物转包给其他单位和个人承运,部分从事危险货物道路运输的驾驶人员和押运人员没有取得交通部门颁发的上岗资格证。

6. 危险货物运输从业单位的专业人员少,从业人员文化水平低

部分危险货物运输从业单位虽然履行了许可程序,但在实际工作中疏于管理、查验不严。例如,缺少具有专业知识的管理人员,组织机构、管理制度不健全;对安全生产投入严重不足;大多数危险货物运输企业没有相对完善的事故应急预案,有的根本没有设立应急救援预案体系。截至目前,交通运输部门尚未对危险货物道路运输企业的专职安全管理人员进行管理❶。同时,危险货物道路运输企业普遍缺乏熟悉物流、化工、车辆、罐体、应急救援等专业知识的安全管理人员。安全管理人员专业素质和学历偏低,对危险货物的类别、特殊性和危险货物运输技术、车辆、设备要求以及应急措施等认知欠缺。

从业人员整体素质较低(初中及以下学历人员占48.5%、高中学历人员占44.8%),人才缺口比较大(缺口率约为31.5%),缺乏系统的、专业化的培训,安全管理水平较低;危险货物运输驾驶人员、押运人员队伍职业技能低、素质差、流动率高。驾驶人员、押运人员虽然持有相关证件,但是因为自身素质较低,缺乏系统性教育,缺乏必要职业技能、职业素质和危险物品常识,实际操作能力差,出现事故时不能及时、妥当处理。

7. 危险货物道路运输企业应急救援预案可操作性差

当前对危险货物道路运输事故处理尚无快速反应的机制,危险货物道路运输企业应急救援机制可操作性差。一般情况通知发货、收货人处理,当出现危险货物泄漏、燃爆等情况时也往往只能求助消防部门,从而往往错过了危货运输事故的最佳处理时间。此外,危险货物运输从业人员缺乏紧急事故处理培训,道路运输监管部门缺乏有效的事故应急机制,已成为我国危险货物道路运输事故危害大的重要因素。

---

❶《安全生产法》第二十四条第二款 危险物品的生产、经营、储存单位以及矿山、金属冶炼、建筑施工、道路运输单位的主要负责人和安全生产管理人员,应当由主管的负有安全生产监督管理职责的部门对其安全生产知识和管理能力考核合格。考核不得收费。

第三章

危险货物道路运输企业安全生产责任制编写指南

本章主要介绍危险货物道路运输企业安全生产责任制编写原则、步骤等有关内容。

第三章 危险货物道路运输企业安全生产责任制编写指南

第一节 危险货物道路运输企业安全生产责任制的编写原则、步骤

安全生产责任制是企业最基本的安全管理制度,是企业安全生产规章制度的核心,是企业岗位责任制的重要组成部分,也是最基本的职业健康安全管理制度。一个行之有效的安全生产责任制度,既要建立起经营者(决策、管理和监督责任)、管理者、技术人员及全体员工安全责任制,形成安全生产责任制体系,又要通过检查、监督、奖惩等方法来保证安全生产责任制得到落实。

一、安全生产责任制的编写原则

企业在编写安全生产责任制度时,要充分体现安全生产保障的一些基本原则,在企业中明确安全生产保障原则在各职能部门的划分。

1. 坚持安全与生产统一的原则

国务院《转发劳动部关于认真落实安全生产责任制意见的通知》(国办发〔1997〕36号)规定,要按照"企业负责、行业管理、国家监察、群众监督和劳动者遵章守纪"的总要求,以及管生产必须管安全、谁主管谁负责的原则,建立健全安全生产领导责任制并实行严格的目标管理。"管生产必须管安全、谁主管谁负责"就是落实安全生产责任制的原则,这里的"生产"应广义地理解为"工作"。企业每位员工都有自己的工作岗位,因而可推导出"安全生产人人有责"和安全生产"全员负责制""一岗双责"的说法。谁负责什么工作,就要对其所负责的工作内容所涉及的人员、机械、材料、操作方法、作业环境、监测监督、操作过程等所有方面负全面安全生产责任,落实各方面的安全责任和保障安全的措施。该原则体现了"安全第一"与"质量第一"的内涵,安全与速度互保,安全与效益的兼顾。"安全第一"的提法,决非把安全摆到生产之上,而是二者的统一。生产是人类社会存在和发展的基础,如果生产中人、物、环境都处于危险状态,则生产无法顺利进行。因此,安全是生产的客观要求,当生产完全停止,安全也就失去意义。生产有了安全保障,才能持续、稳定发展。

2. 坚持"五同时"原则

该原则最早出现于1963年3月《国务院关于加强企业生产中安全工作的几项规定》,指"企业单位的各级领导人在管理生产的同时,必须负责管理安全工作,认真贯彻执行国家有关劳动保护的法令和制度,在计划、布置、检查、总结、评比生产的时候,同时计划、布置、检查、总结、评比安全工作"。落实该原则,要求企业的各级领导以及规划发展、生产调度、人事教育、市场营销等部门,将安全工作纳入日常工作中,把安全工作落实于企业生产经营活动的全过程。

3. 坚持"三同步"原则

该原则亦称为"同步协调发展原则",指"考虑经济发展,进行机制改革、技术改造时,安

全生产要与之同时规划、同时组织实施、同时运作投产"。落实"三同步"原则,要求企业的机构、技术、发展要同时规划、实施、运作。

4. 坚持"四不放过"原则

"四不放过"是事故调查处理的重要原则,见于《国务院办公厅关于加强安全工作的紧急通知》,具体内容指:对安全工作责任不落实、发生重特大事故的,要严格按照事故原因未查明不放过、责任人未处理不放过、整改措施未落实不放过、有关人员未受到教育不放过的"四不放过"原则和《国务院关于特大安全事故行政责任追究的规定》,严肃追究有关领导和责任人的责任。该原则要求企业各级领导以及纪检、监察、工会、人事教育等部门,在生产安全事故调查处理时要实事求是、尊重科学,认真彻底查清事故原因,依法严肃追究事故责任,总结事故教训,提出改进措施,同时利用事故案例加强职工教育,增强职工安全意识和防范事故能力。

5. 坚持全面覆盖性原则

安全生产责任制应当覆盖本企业全体职工和岗位、全部生产经营和管理过程。因此,企业应根据自己的实际组织机构、岗位设置来编写具体的岗位安全生产责任制文本,确保责任制文本覆盖所有组织、所有部门、所有岗位、所有人员,无安全责任真空,实现一级对一级、一书对一岗,所有部门岗位安全责任无缝对接。

6. 坚持内容针对性原则

责任制的推行,首先需保证内容的针对性、准确性、清晰程度。各企业之间以及企业各部门之间、各岗位之间都必然存在岗位内容与责任的差异。因此,编制安全生产责任制文本时绝不能生搬硬套,必须根据企业特点,结合岗位实际,围绕工作流程,确保责任内容完整、准确无误、针对性强、清晰可查。

7. 坚持及时调整原则

安全生产责任体系的建立是一个长期的、持续改进的过程。随着企业自身的发展壮大、职能部门的机构调整、岗位内容的交叉变化,会逐渐暴露出原有安全生产责任的不适应性,也势必会影响安全生产责任落实。安全生产责任制应随相关变化及时进行调整,确保及时更新、及时完善、及时满足实际需求。

8. 坚持执行闭环性原则

安全生产责任制编制的目的是为企业安全运转服务,因此,如何良好地落实安全生产责任制的实施和考核更显重要,决不能浮于纸面,不是仅仅组织员工签字那么简单。责任制文本编制时需要考虑建立有效的方式方法,推进企业各层级、各岗位积极强化安全责任落地。"党"和"政"都要指导制定相关考核办法,量化考核指标,建立奖惩激励机制,确保安全生产责任制在企业各级、各岗位、各类人员间的有效传递与分解,使全体岗位人员都做到眼前见责任、心里有责任、肩上担责任,始终保持履职尽责状态。

二、安全生产责任制的编写步骤

企业在编写安全生产责任制的过程中,必须坚持问题导向,需要在对落实安全生产责任

第三章 危险货物道路运输企业安全生产责任制编写指南

制问题进行深入总结和剖析的基础上,根据企业的组织架构、岗位职责和工作流程等,通过一系列步骤和流程,建立可持续改进的责任体系。

1. 安全生产责任制的编写前提

1) 建立组织机构清晰、岗位职责明确的组织架构和责任体系

企业由于所有制不同、规模不同、经营范围不同,其组织架构也各不相同。要想建立符合企业实际需求的安全生产责任制,就需要从企业的组织架构入手,首先必须建立完善的组织架构,然后逐级逐岗位地分析各岗位的职责划分,分层级建立企业的安全生产责任体系。"一岗双责"首先每个岗位的职责要明确。《质量管理体系 基础和术语》(GB/T 19000—2008)定义"组织是职责、权限和相互关系得到安排的一组人员及设施"说明,一个明确的岗位职责,必须明确相应的权限和相互关系。建立组织机构清晰、岗位职责明确的组织架构和责任体系是建立安全生产责任制的基础。企业的组织架构一般应包含企业的层级数、企业的业务部门分工、企业的生产组织、企业的安全生产机构等。

危险货物道路运输企业是安全生产责任主体,主要负责人为安全生产第一责任人,负有企业安全生产的全面责任。企业安全生产管理一般按三级责任制建立健全安全生产管理机构:第一级,经营班子层级;第二级,管理部门层级;第三级,分支机构层级。一级抓一级,层层抓落实,构成安全生产管理闭环链条。

2) 生产任务科学细分、安全工作内容系统、全面、清晰

安全生产责任制建立的另一个前提是生产任务科学细分、安全工作内容系统全面清晰。生产任务科学细分是为了细致有序地开展工作,合理分配到岗位;安全工作内容系统全面清晰是为了使安全工作在每项生产任务上尽量不留死角。

企业的活动可以从各类工作流程反映出来,一直以来,各企业的安全生产责任多是通过企业的业务分工而确定的,但是这种方法的弊端在于业务分工是固定的,如果忽略具体工作内容而单独关注职责分工本身,就无法动态地反映其在工作流程的节点上与其他部门的相互关系,也无法准确表现在这些工作过程中各部门所承担的安全生产责任。安全生产责任不是固定的、分离的,它是随着工作流程的流转而相互联系的。

因此,要以"细分的生产任务"为线索,将该任务按照工作流程分配到相应岗位,再根据某岗位的工作内容,将涉及的安全工作内容进行明确,从而得到该岗位的"细分的生产任务"安全生产责任。综合其他生产任务在该岗位的安全生产责任后,得到本岗位较全面的安全生产责任。

3) 明确企业安全生产责任

从国家明确提出对企业安全生产责任进行规范的法律法规、指导文件和要求以来,大多数企业从内部规章制度层面普遍明确了各级岗位安全生产责任,有的企业依照法律法规推导出本企业的安全生产责任,有的企业借鉴其他企业的文件,有的企业结合本企业实际自行制定。

建立适合企业实际需求、能有效发挥作用的安全生产责任体系,应从企业自身实际出发，不简单拷贝、不纸上谈兵，要用最贴切、最规范的语言对安全生产责任进行描述。例如，"监督……""指导……""组织……""负责……"等。描述安全生产责任使用哪些词语、各类岗位的安全生产责任描述的句式构成、责任描述的出发点与落脚点等需要详细地加以区分和限定。只有这样，才能确保整个体系描述的规范性和实用性。

2. 安全生产责任制的编写步骤

在编写企业安全生产责任制的过程中，应制订较为详尽的安全生产责任制建设计划，一般分为如下几个步骤。

1）成立编写机构，专人编写实施

安全生产责任制的编写是企业的一项重大顶层设计工作，也是对企业组织架构、业务流程重构的过程，因此，需要成立专门的编写机构，由企业主要领导负责，组织业务骨干人员，必要时可以聘请企业外专家为顾问，实施编写工作。

2）理清建设需求

针对企业安全生产责任制建设情况，需要在现有安全生产责任制的基础上，结合当前国家、行业新法规、新要求，结合企业现实管理和未来发展规划，系统梳理，对企业各所属组织安全管理状况和各岗位风险进行识别、评估、定位，全面提出建设需求。

3）开展学习调研

针对企业需求，收集同行业、相关行业或研究机构关于安全生产责任制建设的实践案例、研究成果或经验介绍等，提炼关于建立体系的要素、条件、标准等。

4）明确组织机构

根据企业的发展需求和实际情况，明确其组织架构和机构编写，核实机构职能、岗位及人员配置。关键是每个岗位人员要知道整个组织机构以及自己和相关人员在其中的位置。

5）科学全面细分生产任务，分解确定岗位职责

企业应从组织架构、工作流程两方面入手，细分生产任务和岗位职责。可以用工作分解结构（WBS）法对企业的运输生产及其相关生产任务进行细分，再将细分任务按照工作流程分配到相应岗位。综合某岗位的工作任务，明确安全工作的主要内容。对照某岗位的工作任务和职责，把所涉及的安全工作内容进行确认，就得到该岗位的安全生产责任。流程图法便于界定职责、权限和相互关系，不易漏掉程序或岗位，做到全面系统分配任务。

6）建立规范模板

安全生产责任制文本，必须要适应企业各级人员的需要，而责任制文本模板，可以为企业所有人员提供可供参考的责任描述样例。在企业中，详细分工往往会形成复合型需求，安全生产责任也可能会出现叠加，规范的责任制文本模板可以提供对应参考。

7）组织内容编写

要确保安全生产责任制文本的内容切实符合企业的各级部门、岗位的实际情况，需要发动各级部门、岗位或者相应的代表参与编写，主要编写人员针对每一个岗位安全生产责任的编写都要与之相对应的岗位进行充分沟通，充分考量其业务与安全职责的关系，切勿面面俱

第三章 危险货物道路运输企业安全生产责任制编写指南

到、空而不实。

8) 严格细致审定

安全生产责任制的好用与否,取决于其编写的过程与审定的过程,审定往往更重要。对编写的安全生产责任制草案要广泛征求意见,并组织审定。在审定过程中会认识到,企业的负责人、企业的业务部门主管、企业的基层组织负责人、企业的一线员工对责任制草案如何看待,持哪些意见。这样编写组就可以不断的修改完善,直至符合企业的实际情况和安全管理的需要。安全生产责任制草案审定过程,也是一个细致沟通协调、达成共识的过程。

9) 企业主要负责人批准、发布

对通过审定的安全生产责任制草案,由企业主要负责人批准、发布为企业规章制度,组织实施。

10) 持续完善建设

在安全生产责任制的制定、执行过程中,可能存在岗位责任确定不准确、不全面的情况,可能存在责任制自身运行方式方法还有不足或缺陷的情况;同时,影响安全生产责任限定的法律法规、行业管理部门要求、企业上级要求发生变化,或者企业业务拓展、机构调整、规模变化以及企业管理理念、发展战略等的变化,都需要企业根据自身需求及时对安全生产责任制的确定和运行机制进行调整和完善,使之更切合企业实际。

安全生产责任制的编写步骤如图3-1所示。

图3-1 安全生产责任制的编写步骤

第二节 危险货物道路运输企业安全生产责任制的基本结构和内容

一、安全生产责任制的框架建立

企业安全生产责任制框架一般应从纵向和横向两个方面进行建设。

1. 企业各层级安全生产责任(纵向)

企业安全生产责任制纵向方面是指各层级组织、各级人员的安全生产责任制。如前文所述,危险货物道路运输企业一般按照三级责任制建立健全安全生产管理机构。第一级是企业经营班子层,主要包括企业行政主要负责人、党委书记、其他行政负责人等,负有安全生产的全面责任。第二级是部门层级,主要包括安全管理部门、运营管理部门等业务部门负责人和各级人员,负责对本部门的安全生产工作负直接管理责任。第三级是分支机构(工作班组)层级,主要包括分支机构负责人和各级人员,以及一线运输生产员工(安全管理人员、驾驶人员、押运人员、装卸管理人员等),负责对本部门(本岗位)安全生产负全面责任。

以某危险货物道路运输企业各层级安全生产责任为例,纵向安全生产包括公司经营班子层、公司部门级、分公司级(工作班组)级以及一线运输生产员工等,具体见表3-1。

危险货物道路运输企业安全生产责任层级分类表　　　　表3-1

层　级	岗　位
经营班子级	公司主要负责人(董事长、企业法定代表人、总经理)
经营班子级	其他行政负责人(分管安全、运营、综合等副总经理)
部门级	各业务行政负责人(安全、运营、综合等部门经理、部长、处长)
部门级	各业务行政具体负责人(安全、运营、综合等业务主管、科长、助理)
分支机构(工作班组)级	项目负责人(实行项目制管理的单位设置的一类人员)
分支机构(工作班组)级	分公司主要负责人(经理、党委书记)
分支机构(工作班组)级	分公司其他行政负责人(分管安全、运营、综合等部门副经理)
分支机构(工作班组)级	车队长
分支机构(工作班组)级	安全管理人员、驾驶人员、押运人员、装卸管理人员

2. 企业各职能部门安全生产责任(横向)

安全生产责任制横向方面是指各职能部门的安全生产责任制。要阐明各职能部门(如安全管理、生产调度、企管、市场、人力资源、财务、车技等管理部门)的安全生产责任。

以某单位为例,根据实际工作中各职能部门与安全生产工作的相关性,初步明确了主要相关的业务主管部门的安全生产责任,具体见表3-2。

危险货物道路运输企业安全生产责任业务职能分类表　　　　表3-2

序　号	业　务　描　述	序　号	业　务　描　述
1	安全管理	5	市场
2	生产调度	6	人力资源
3	车队	7	财务
4	企管	8	车辆技术

3. 纵向与横向安全生产责任的结合

通过企业安全生产责任的纵向和横向的有机结合,实现安全生产责任的全覆盖,形成了相对完善的企业安全生产责任体系。实现安全生产责任纵向和横向全覆盖的企业,才称得上建立了完善的安全生产责任体系,才能够体现出安全生产责任制在企业安全生产管理的作用。

第三章 危险货物道路运输企业安全生产责任制编写指南

针对具体的工作任务,相关岗位的安全生产责任不尽相同,可将企业安全管理职责划分为"决策、执行、监督"三大类,参照"三权分立制"模式,建立"决策责任、执行责任、监督责任"为基础的安全生产责任制框架,形成完善的安全生产管理体系。如企业各级独立的安全生产管理机构的设置和人员配备,企业领导决策是否设、设多少,进行协调和资源配置,也监督执行人是否按决策执行;生产调度部、企管部和人力资源部等部门就要根据部门分工不同进行部门设置、定编、人员选配,具体执行;安全管理部门进行此项事宜的专职监督,及时提醒执行者,并向决策者汇报。

危险货物道路运输企业安全生产责任制框架如图3-2所示。

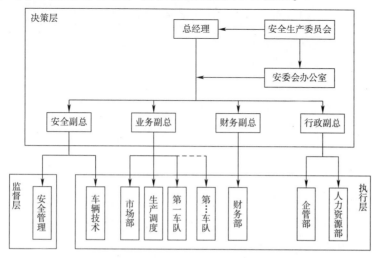

图3-2 危险货物道路运输企业安全生产责任制框架

二、安全生产责任制的编写依据

(1)道路车辆外廓尺寸、轴荷及质量限值(GB 1589—2004);

(2)危险货物分类和品名编号(GB 6944—2012);

(3)机动车运行安全技术条件(GB 7258—2012);

(4)危险货物品名表(GB 12268—2012);

(5)危险货物运输包装通用技术条件(GB 12463—2009);

(6)道路运输危险货物车辆标志(GB 13392—2005);

(7)道路运输液体危险货物罐式车辆 第1部分:金属常压罐体技术要求(GB 18564.1—2006);

(8)道路运输液体危险货物罐式车辆 第2部分:非金属常压罐体技术要求(GB 18564.2—2008);

(9)营运车辆综合性能要求和检验方法(GB 18565—2001);

(10)汽车运输危险货物规则(JT 617—2004);

(11)汽车运输、装卸危险货物作业规程(JT 618—2004);

(12)营运车辆技术等级划分和评定要求(JT/T 198—2004);

(13)《中华人民共和国安全生产法》(中华人民共和国主席令第13号);

(14)《中华人民共和国职业病防治法》(中华人民共和国主席令第60号);

(15)《中华人民共和国消防法》(中华人民共和国主席令第83号);

(16)《中华人民共和国道路运输条例》(国务院令第406号);

(17)《危险化学品安全管理条例》(国务院令第591号);

(18)《放射性物品运输安全管理条例》(国务院令第562号);

(19)《生产安全事故报告和调查处理条例》(国务院令第493号);

(20)《中华人民共和国道路交通安全法实施条例》(国务院令第405号);

(21)《道路货物运输及站场管理规定》;

(22)《道路危险货物运输管理规定》;

(23)《放射性物品道路运输管理规定》;

(24)上级单位安全生产责任制相关文件和要求;

(25)其他(组织流程手册)。

三、安全生产责任制的内容

《危险货物道路运输企业安全生产责任制编写要求》(JT/T 913—2014)第4.3条规定,企业安全生产责任制应至少包括下列内容:安全生产目标、安全生产管理机构、安全生产岗位、安全生产责任考核、安全生产责任奖惩等内容。

1. 安全生产目标

安全目标管理是企业根据企业的总体规划要求,制定出在一定时期内安全生产方面所要达到的预期的目标管理。危险货物道路运输企业安全管理的科学方法,首先是确定科学的安全管理目标,然后在目标指导下优化安全管理体制、机构及安全生产责任体系。安全生产责任制与安全目标管理相结合,依据量化的安全工作目标,安全生产任务(职责),才能落到实处。两者结合,既能增强实效,又能减少工作量。安全管理工作的目的,是尽最大可能避免和减少造成人员伤亡以及财物损失的各种事故,确保安全、文明、高效地进行运输生产。单纯用百万公里死亡率或经济损失作为控制指标,虽然可以明确地反映出危害最大的事故——死亡事故或经济损失及其与运输生产量的关系,但显然是不全面的,也不利于系统全面地提升运输安全。因此,企业安全生产目标,既要设定运输事故(包括交通事故、场内装卸车事故等)量化指标,同时要设定反映安全管理综合水平的指标;既要设定短期安全生产目标,又要设定长期安全生产目标。安全生产目标的设定要尽量予以量化,便于目标的落实与考核。《危险货物道路运输企业安全生产责任制编写要求》(JT/T 913—2014)第5.2.1条将安全生产目标分为:安全生产事故控制目标、安全生产工作目标。安全生产工作目标制定、分解、执行参见附录三和附录四。

(1)制定运输责任事故控制目标。危险货物道路运输企业应制定安全生产方针、目标和

第三章　危险货物道路运输企业安全生产责任制编写指南

不低于主管部门下达的安全生产控制指标,安全生产目标应结合自身管理的目标要求,在各类事故、员工安全生产教育培训、员工工伤死亡、职业健康、车辆完好、安全隐患治理等方面制定出具有科学性、先进性、可量化、可实现的目标。结合企业实际情况,制定实现的目标、措施和安全生产年度计划和年度专项活动方案并严格执行。

(2)安全生产工作目标。依法建立健全安全生产目标管理。安全生产责任目标应分解到各部门、各岗位,明确责任人员、责任内容和考核奖惩要求。

安全生产责任制,要首先明确岗位安全生产责任、目标:

①主要负责人的安全生产责任、目标。

②分管安全生产、运输经营、行政等负责人的安全生产责任、目标。

③安全、业务、行政部门及其负责人的安全生产责任、目标。

④车队长、专职安全管理员的安全生产责任、目标。

⑤驾驶人员、押运人员、装卸管理人及其他岗位从业人员的安全生产责任、目标。

2. 安全生产管理机构

企业应根据法律法规要求及安全生产管理需要,设置安全生产管理机构。《安全生产法》第二十一条第一款规定"矿山、金属冶炼、建筑施工、道路运输单位和危险物品的生产、经营、储存单位,应当设置安全生产管理机构或者配备专职安全生产管理人员。"安全生产管理机构指的是生产经营单位专门负责安全生产决策、监督管理的内设机构。安全生产管理机构的作用是落实国家关于安全生产法律法规,负责企业安全生产政策、方针、规划和制度制定,组织单位内部各项安全生产检查活动,负责日常安全生产检查,监督安全生产责任制落实等。由于危险货物运输的特殊危险性(不是劳动密集型企业),应考虑设置安全生产管理机构,强化企业安全生产管理。安全生产管理机构设置参见附录三~附录七。

3. 安全生产岗位

生产岗位是企业根据生产和管理的需要设置的工作岗位。根据"管生产必须管安全、谁主管谁负责""一岗双责"的原则,生产岗位在履行生产职责的同时,还要履行该岗位应当承担的安全职责。危险货物道路运输企业安全生产岗位包括:主要负责人、分管安全的企业负责人、安全管理部门负责人、运输经营等部门负责人、专职安全管理人员、驾驶人员、押运人员、装卸管理人员等位。安全生产岗位设置参见附录三~附录七。

(1)明确岗位责任人员。安全生产责任制的重要作用之一就是把责任落实到人,解决"由谁负责"的问题,防止责任主体不明确导致无人负责。因此,企业安全生产责任制必须首先明确每个岗位的责任人员。有三点注意事项:一是每个岗位都要明确责任人,无论管理岗位、操作岗位还是其他辅助性岗位都不能例外;二是实行全员责任,从主要责任人、分管负责人和其他相关责任人,到安全生产管理人员、运输业务岗位等所有岗位从业人员,每个人都要明确其责任;三是责任人必须是具体的个人,落实到人头,即使是共同负责,也应明确是哪些人共同负责。

(2) 明确岗位责任范围。在明确责任人的同时,安全生产责任制还必须明确各岗位的责任范围,解决每个岗位"负什么责任"的问题,使每个人都清楚自己的责任所在。防止责任不明,无所适从。明确责任范围,一是要边界清晰,不能模模糊糊、似是而非;二是要具体,不能过于笼统或者大而化之;三是要合理,与岗位职责相称,体现出差异性。

4. 安全生产责任落实

安全生产责任制的实施,必须分解落实安全生产目标、责任。层层分解落实安全生产目标,使安全生产始终处于可控、在控、能控状态。首先,企业安全生产第一责任人与企业分管负责人签订安全目标责任书(状),安全责任书中所量化的安全目标应与企业制定的安全目标一致,并高于企业的安全目标。然后,逐级签订安全目标责任书(状),形成自上而下、分级控制、一级保一级、一级向一级负责的安全生产分层次管理体制,做到层层把关、层层落实,一个一个环节、一个一个岗位落实责任。

签订了安全目标责任书,虽然明确了安全目标责任,但并不意味着安全工作就落实了,安全就有保障了。对于每个企业,最关键的是严格抓好各项落实,才能真正发挥安全目标责任书的约束和规范作用。

(1) 要知责。责任单位、责任人要清楚、理解安全目标责任书所明确目标、责任的范围及具体条款。学习是知责最有效的途径。因此,安全目标责任状签订后,责任单位要把目标、具体责任在本单位进行公示,并组织开展宣传学习,保障安全生产目标、责任传递到岗、落实到每个人,使每个人都对自己的岗位安全责任了然于心,从而进一步提高对安全责任重要性的认识,增强安全责任心。

(2) 尽责落实安全目标、责任。安全目标责任书重在落实,否则,安全生产的目标就无法实现,安全也就无保障。实践证明,凡是安全责任制真正落到实处,每个人都尽职尽责履行安全责任,生产事故就会得到有效遏制。发生生产事故,绝大多数都是人为的责任事故。因此,责任单位、责任人要自觉地按照目标责任书的要求履行好责任。作为单位负责人,要认真落实"一岗双责"制度,定期召开安全生产工作会议,及时传达、贯彻落实上级会议精神,分析、布置、督促、检查辖区安全生产工作,防患于未然;作为一般干部职工,要自觉参加安全教育和培训,增强事故预防和应急处理能力。只有上下齐抓共管,共同努力,才能形成安全生产坚不可摧的防线。

5. 安全生产责任考核

安全生产责任考核是指运用特定标准和指标,采用科学方法,对安全生产目标任务的落实完成情况、安全生产经营状况作出综合评判的过程。和绩效考核一样,安全生产责任考核是一项系统工程,涉及目标、评价体系、考核方法、考核过程及考核结果等多方面内容。当然,考核的目的不是为了评优奖惩,而在于找出安全生产管理工作中的不足之处,为今后改善安全管理工作指明方向。安全生产考核参见附录三~附录五。

企业安全生产责任制按责、权、利相结合的原则,建立监督考核机制,把安全生产纳入行政、经济责任制考核内容,根据安全管理职责、管理目标和措施要求进行考核,确保安全生产

第三章　危险货物道路运输企业安全生产责任制编写指南

责任落实。各岗位责任人员是否严格履行了责任、履行责任的程度和效果如何、是否实现了安全生产目标，需要有一套标准来加以考核。考核标准关键是要具有针对性和可操作性，适应不同岗位、不同人员的实际情况。

各级安全管理机构及岗位人员安全责任落实如何，必须经过检查考核和评估，否则安全责任意识必然会淡化。检查考核因人而异，主要分为两大类：一是依据责任制条款和安全目标责任书检查各级管理责任人履行安全生产责任的情况；二是依据责任制条款和安全目标责任书及安全生产操作规程检查各岗位作业人员履行安全生产责任的情况。人员类别不同，检查的方式也应有所不同。针对管理人员应关注履职流程的规范性、履职服务的全面性等，而针对一线岗位人员应关注作业现场执行安全规程的情况。

安全生产考核根据考核周期不同可分为年度、季度、月度、旬或周考核，不同周期的考核其深度和内容也有所不同，因此其评价体系和考核方法也不同。安全生产考核是一项系统性工作，考核工作量较大，因此一般较为常用的有年度考核和季度考核。

6. 安全生产责任奖惩

企业在安全生产考核的基础上，以一定的物质和精神激励为手段，做到奖惩并举、奖优惩劣，从而调动企业职工安全管理的主观能动性。安全生产奖惩参见附录三和附录四。

离开了奖惩措施，安全生产责任的落实就有可能成为空话。安全生产责任制的落实结果对于责任主体而言要具有约束性、具有较大压力，在一定程度上影响他们的政绩、业绩或经济收入的考核与评价。一方面可通过一定的方式、渠道对各级部门、人员落实安全生产责任制的情况、存在的问题进行通报或公布，让有关方面对相关主体落实责任的情况进行评议；另一方面可通过制定安全生产责任制的奖惩措施，明确各级责任主体可能得到的奖励类型、奖励档次、奖励形式或可能承担的责任类型、责任形式等，对落实责任制好的部门和人员给予奖励，对责任制不落实或落实不到位，或由此而造成生产安全责任事故和人员进行相应的处罚。

安全生产责任奖惩的实施不是目的，而是一种手段。企业在实施奖惩中，要遵守以奖为主、以罚为辅、赏罚分明、以人为本的基本原则。本质上来讲，奖励属于正向激励，惩罚属于负向激励。成功的管理者必然是激励机制的自如掌控者。奖励是积极的、主动的、带有鼓励性的，是对企业员工优点的肯定和鼓舞，能够持续或渐进式地提高效率和发挥潜力，因此它应该在企业安全生产责任制中占有主导地位。适度的惩罚有积极意义，过度惩罚是无效的，滥用惩罚的企业肯定不能保证企业长治久安。惩罚是对员工的否定，一个经常被否定的员工，有再多的工作热情也会荡然无存，即便是仅存的一点责任心也会随之失去，对惩罚的使用要慎之又慎，所以惩罚仅仅是对奖励的补充和辅助。

7. 附则

附则部分至少应包括下列内容：解释权归属、实施日期、其他。

安全生产责任制还要建立的台账，台账资料应有：企业各级、各部门安全生产责任制、作业人员岗位责任制。同样，安全生产责任书(状)也应建立台账，台账资料应有：企业安全生产第一责任人与各级、各部门负责人,各部门与本部门员工层层签订安全生产责任书(状);全生产责任书(状)一年一签。

第三节　危险货物道路运输企业安全生产管理机构和岗位职责

一、安全生产管理机构职责

企业应根据法律法规要求及安全生产管理需要,设置安全生产决策、执行和监督等机构,承担相应安全生产责任。企业安全生产管理机构分为安全生产决策机构和安全生产管理机构,以及根据"一岗双责"的原则,非直接参与运输生产的其他部门,如人力资源、财务等部门。安全生产管理机构职责参见附录三~附录七。

1. 安全生产决策机构职责

《安全生产法》第十八条规定,生产经营单位应当具备的安全生产条件所必需的资金投入,由生产经营单位的决策机构、主要负责人或者个人经营的投资人予以保证。企业根据法律法规要求及企业安全生产管理需要设置安全生产决策机构,根据企业组织机构设置不同,安全生产决策机构的称谓也不尽相同,如安委会、安全生产领导小组等。安全生产决策机构安全职责应至少包括:

(1)负责领导本企业的安全生产工作。

(2)研究决策本企业安全生产的重大问题。

(3)贯彻执行国家和行业有关安全生产法律、法规、规章和标准的要求。

(4)研究、审议和批准安全生产规划、目标、管理体系、机构设置、安全投入、安全评价等安全管理的重大事项。

2. 安全生产管理部门职责

安全生产管理部门为公司安全生产综合管理的职能部门。安全生产管理部门在主管安全副总的领导下,履行安全生产监督管理的职责,对其他各职能部门安全生产工作进行协调和监督,对公司安全生产进行监督管理。

安全生产管理部门的职责应至少包括:

(1)贯彻执行国家和行业有关安全生产法律、法规、规章和标准的要求,负责企业安全、消防、环保、劳动保护、职业卫生等方面管理工作。

(2)贯彻落实安全生产决策机构有关安全生产决定和管理措施,负责制订企业年度安全生产目标和工作计划,并组织实施、督促、检查、总结和考核工作。

(3)组织制订(修订)和执行安全生产管理制度、操作规程、安全生产工作计划、安全生产费用预算、应急预案等,组织落实安全生产责任制,对安全工作起监督、检查、管理作用。

(4)组织召开安全会议,开展安全生产活动,提出安全生产管理建议。负责制订年度培训计划和安排月度安全教育内容,组织对员工进行安全教育培训和考核,负责对新招聘员工进行安全教育。

(5) 负责安全生产工作的监督、检查、考核、通报。组织日常、专项安全检查,监督、检查、考核各项安全管理制度的落实情况,落实安全隐患的整改工作。

(6) 负责安全设施、设备、防护用品管理与发放,负责职业卫生管理,制定劳动防护用品、防暑降温费发放标准及管理办法,制订年度计划并监督实施。

(7) 专职安全管理人员、从业人员的审核、聘用、奖惩、解聘、劳动安全、职业健康等。

(8) 负责组织编写、修订事故应急预案,定期组织消防、自救互救技能培训和事故演练。

(9) 负责运输事故现场协调、配合、调查与报告。

(10) 定期召开安全生产例会,分析、总结、表彰安全管理工作。

(11) 安全生产管理档案建立、信息统计等。

相关链接

某企业"安全生产管理机构及职责":

1. 安全生产委员会(安全生产领导小组)

企业应根据企业的规模和管理模式成立安全生产委员会或安全生产领导小组,并应以文件形式予以公布。

2. 安全生产委员会(安全生产领导小组)组成

(1) 安全生产委员会(安全生产领导小组)的主任(组长)应由企业法人、总经理担任,是企业安全生产第一责任人。

(2) 安全生产委员会(安全生产领导小组)的副主任(副组长)应由分管安全生产负责人担任,是企业的安全生产直接责任人。

(3) 安全生产委员会(安全生产领导小组)的成员应按照企业管理机构的设置,由各职能管理部门、车队的主要负责人组成。

企业应根据规模和管理的要求设立安全生产委员会(安全生产领导小组)办公室,负责日常安全管理工作,一般安全生产委员会(安全生产领导小组)办公室设在安全管理部门。

3. 安全生产委员会(安全生产领导小组、安全生产管理机构)职责

企业应在满足国家安全法律法规和交通管理部门的要求的基础上,为了进一步加强企业安全管理工作的领导,可结合企业安全管理的特点,制定本企业的安全生产委员会(安全生产领导小组)的职责,基本职责要应包括:

(1) 认真贯彻执行国家有关危险货物运输安全工作的法律、法规、标准及有关安全管理规定。

(2) 建立健全和组织实施危险货物运输安全生产责任制和安全管理规章制度。

(3) 制订安全生产方针、目标和审定公司年度安全生产工作计划。

(4) 组织开展运输安全生产专项活动。

(5)定期召开企业安全生产的组织机构会议和安全工作例会,研究解决安全生产中的问题,部署重点安全工作,总结安全生产目标、计划的完成情况。

(6)组织落实安全检查和安全隐患治理。

3. 其他职能部门安全职责

对其职能部门职责范围内安全生产工作负责。

在我国危险货物道路运输大型企业,一般实行三级管理(图3-3)。

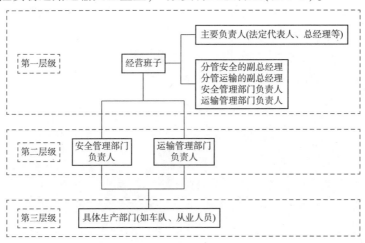

图3-3 大型危险货物道路运输企业三级管理

三级安全管理体系中,各层级的主要责任参见《危险货物运输企业安全生产管理层级及主体职责划分一览表》❶(附录一)。

二、安全生产岗位职责

危险货物道路运输企业安全生产岗位人员包括:主要负责人、分管安全的企业负责人、安全管理部门负责人、生产调度(车队)部门负责人、专职安全管理人员、驾驶人员、押运人员、装卸管理人员、其他岗位。

1. 主要负责人

《安全生产法》第五条规定,生产经营单位的主要负责人对企业的安全生产工作全面负责。企业主要负责人是企业安全生产工作的第一责任人,对企业的安全生产工作全面负责。根据企业岗位设置不同,企业主要负责人可能为法定代表人、董事长、总经理等。

根据《安全生产法》第四条、第十八条的规定,企业主要负责人的安全生产职责应至少包括:

(1)贯彻执行国家有关危险货道路物运输的法律、法规、规章和国家标准、行业标准,加强安全生产管理。

---

❶摘自《危险货物运输(企业管理篇)》,由深圳市交通运输委员编著、人民交通出版社股份有限公司出版。

第三章 危险货物道路运输企业安全生产责任制编写指南

(2)建立、健全安全生产责任制和安全生产规章制度。其中包括:建立企业安全管理机构,确定符合条件的安全生产负责人、安全、车辆管理技术人员,配备专职安全管理人员组织制定企业安全生产规章制度和操作规程。

(3)推进安全生产标准化建设,提高安全生产水平,确保安全生产。

(4)保证企业安全生产投入的有效实施。为安全管理提供必要的、合理的资源配置,保证安全生产保障资金的足额投入和有效使用。

(5)督促、检查企业的安全生产工作,及时消除生产安全事故隐患。定期组织召开并主持公司安全工作会议,研究解决安全生产中存在的重大问题。

(6)组织制定并实施企业的生产安全事故应急救援预案,建立应急救援组织,开展应急救援演练。

(7)及时、如实报告生产安全事故。在规定时间内上报事故情况,对事故进行认真调查、处理、分析,按照"四不放过"的原则查明原因,严肃处理。

(8)组织制订并实施企业安全生产教育和培训计划。组织开展各类安全生产宣传、教育、培训和专项安全生产活动。

2. 分管安全的企业负责人

在危险货物道路运输企业的安全管理实践中,为强化企业的安全管理,提升企业的安全管理水平,在企业的组织架构中通常会安排一名企业领导专门负责企业安全管理。分管安全的企业负责人(安全副总经理、安全总监)在主要负责人领导下,具体分管企业安全生产管理工作,对企业安全生产工作负重要领导责任。

分管安全的企业负责人,安全生产职责应至少包括:

(1)组织、协调企业各职能部门的安全生产管理工作,改善安全生产条件。

(2)组织制定企业各项安全生产规章制度、操作规程及应急预案。

(3)负责企业运输事故应急处置、调查及处理建议。

相关链接

各企业可以根据本企业的实际情况补充和细化其安全管理职责。如某企业"分管安全的企业负责人"的职责为:

(1)在企业主要负责人领导下分管本企业安全管理工作,是企业安全生产直接责任人。

(2)贯彻落实国家和地方和上级主管部门的有关危险货物运输的法律、法规、政策、标准和规定。

(3)负责对企业日常安全生产负综合管理和监督责任。

(4)负责组织制定安全管理制度和操作规程、应急救援预案。

(5)督促、检查企业安全生产责任制、安全管理制度和操作规程的落实情况;及时消除生产安全事故隐患,对重大安全事故隐患的预防、整改及事故查处提出意见和措施。

(6)法律、法规和规章规定的其他安全生产职责。

3. 安全管理部门负责人

安全管理部门负责人是企业具体负责企业安全生产综合管理的岗位,其职责应至少包括:

(1)贯彻落实企业有关安全生产决定和管理措施。

(2)制订和执行安全生产管理规章制度、操作规程、应急预案、安全生产工作计划、安全生产费用预算。

(3)开展安全生产工作监督、检查、考核、隐患排查和整改的落实、安全文化建设和事故应急救援演练等。

(4)组织召开安全工作例会,提出安全生产管理建议。

(5)对运输事故现场协调处置、调查、报告及提出处理建议。

(6)安全生产统计与安全生产管理档案建立。

相关链接

各企业可以根据本企业的实际情况补充和细化其安全管理职责。如某企业"安全管理部门负责人"的职责为:

(1)认真贯彻执行有关安全工作的法律、法规、标准及有关安全生产工作制度,在分管安全领导的领导下,负责安全管理部门的全面工作。

(2)负责制定安全生产工作规章制度,并具体组织实施。

(3)定期进行安全检查,对安全隐患提出整改意见,并督促检查落实。

(4)组织开展运输安全知识和技能竞赛等活动,组织对车辆驾驶人员、押运人员及装卸管理人员进行安全教育和安全技能培训,定期进行安全考核。

(5)负责或参加有关运输事故的调查、分析、处理和上报工作。

(6)负责组织建立健全企业安全管理基础工作,完善各类记录、台账。

(7)完成领导交办的其他工作,及配合其他部门做好相应业务和安全管理工作。

4. 生产调度(车队)部门负责人

生产调度(车队)部门负责人是运输生产组织调度管理的岗位,根据企业的实际情况,其职责应至少包括:

(1)贯彻执行国家和行业有关安全生产法律、法规、规章和标准的要求。

(2)贯彻落实安全生产决策机构有关安全生产决定和管理措施。

(3)负责组织制定、修改各项安全运输管理制度、安全操作规程,并监督、检查执行情况。

第三章 危险货物道路运输企业安全生产责任制编写指南

(4)负责制定运输组织方案及车辆人员调度。合理安排调度运输车辆和运输从业人员,组织指挥运输生产。

(5)负责车辆维护和修理。

(6)负责危险货物受理、审核及相应营运手续办理。

(7)根据部署组织开展检查、隐患排查和整改工作。

(8)配合开展安全教育培训和事故演练活动。

(9)参与、配合运输事故调查、分析及提出处理建议。

(10)运输生产统计与运输生产档案建立。

相关链接

某企业"生产调度(车队)部门负责人"的职责为:

(1)认真贯彻执行国家及上级有关安全运输的方针、政策、法令、法规和指示,负责运输管理工作,对本部门的运输安全工作负直接领导责任。

(2)在保证安全的前提下组织指挥生产,掌握车辆技术状况,了解驾驶人员的技术、思想、身体情况,合理安排调度车辆,保证安全运输,保质保量完成各项运输任务。

(3)负责组织制定、修改各项安全运输管理制度、安全操作规程,并监督、检查执行情况。

(4)组织开展安全教育培训和事故演练活动,提高驾驶人员、押运人员、装卸管理人员的安全意识和技能。

(5)定期开展安全大检查,落实隐患整改,防止各类事故的发生。

(6)负责对运输事故的调查、分析、处理、上报工作,坚持事故处理"四不放过"的原则,出现重大事故要负直接管理责任。

(7)每月组织参加不少于一次的班组安全活动,定期主持召开安全工作会议,总结、分析安全工作动态。

(8)完成领导交办的其他工作,及配合其他部门做好相应业务和安全管理工作。

5.专职安全管理人员

首先要明确,根据《危险化学品安全管理条例》第四十三条规定:"危险化学品道路运输企业、水路运输企业应当配备专职安全管理人员",《危规》第八条第(三)款第3项规定:"企业应当配备专职安全管理人员",《安全生产法》第二十一条规定:"矿山、金属冶炼、建筑施工、道路运输单位和危险物品的生产、经营、储存单位,应当设置安全生产管理机构或者配备专职安全生产管理人员",危险货物道路运输企业配备专职安全管理人员的是法定要求。其次,根据《安全生产法》第二十二条,安全生产管理人员应履行以下职责(图3-4):

(1)组织或者参与拟订本单位安全生产规章制度、操作规程和生产安全事故应急救援预案。

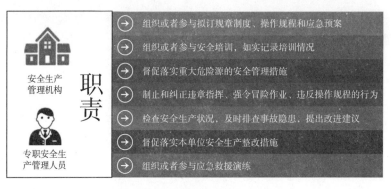

图3-4 安全生产管理人员的职责

（2）组织或者参与本单位安全生产教育和培训，如实记录安全生产教育和培训情况。

（3）督促落实本单位重大危险源的安全管理措施。

（4）组织或者参与本单位应急救援演练。

（5）检查本单位的安全生产状况，及时排查生产安全事故隐患，提出改进安全生产管理的建议。

（6）制止和纠正违章指挥、强令冒险作业、违反操作规程的行为。

（7）督促落实本单位安全生产整改措施。

结合危险货物道路运输的实际业务，安全管理人员的职责还包括：从业人员的安全教育、培训，安全生产监督、检查与考核，车辆管理、安全设施、设备、用品管理，运输生产方案制订、运营调度、运输事故调查、处理，安全生产统计、档案建立等。针对危险货物道路运输企业而言，安全管理人员可以是车队长、生产调度员、GPS监控人员、车辆管理人员等。专职安全管理人员安全生产职责应至少包括：

（1）协助制订、执行企业安全生产管理规章制度、操作规程、应急预案、安全生产工作计划、安全措施等，监督、检查执行情况，提出改进建议。

（2）组织安全学习、从业人员安全教育培训、应急演练等安全生产活动。

（3）做好安全检查和隐患排查及督促整改。

（4）新聘从业人员的教育培训、考核。

（5）车辆和安全设施及设备、劳动防护用品等管理、发放、使用和维护，以及单位相关证照和保险办理。

（6）事故现场组织施救，协助事故调查、处理，负责事故原因分析与保险理赔。

（7）实施车辆动态监控以及安全统计和安全管理档案建立。

相关链接

某企业"专职安全管理人员"的职责为：

（1）认真执行国家及上级有关安全运输的方针、政策、法令、法规和规定，在本部门负责人领导下,负责本部门安全管理工作。

(2) 负责检查、监督员工遵守各项规章制度、劳动纪律和员工正确使用安全防护用品情况,制止违章作业。

(3) 负责组织对车辆配送线路和装卸作业环境的安全评估,及时了解车辆调度和车辆安全运行动态,组织作业现场安全巡查和运输跟踪监控工作,发现安全隐患及时纠正。

(4) 定期对车辆、安全设备、设施、消防器材进行安全检查,及时消除设备隐患。

(5) 负责组织员工参加安全教育活动,新员工三级安全教育和应急预案的演练。

(6) 参加安全事故的调查、分析、处理,建立健全事故档案。

(7) 负责建立和健全本部门各类安全管理基础资料和台账。

6. 驾驶人员

驾驶人员安全生产职责应至少包括:

(1) 执行企业有关运输的各项规章制度、操作规程及应急预案,按照有关运输规定行车和停车。

(2) 负责车辆(罐体)日常检查和维护。

(3) 随车携带相关有效证件及文书,保证车辆安全防护设施、设备和防护用品等器材良好有效。

(4) 参加安全学习、教育培训等活动,按照《汽车运输危险货物规则》(JT 617—2004)和《汽车运输、装卸危险货物作业规程》(JT 618—2004)要求,掌握安全技术知识、技能与应急处理办法。

(5) 对运输事故及时报告和应急处置。

相关链接

某企业"驾驶人员"的职责为:

(1) 严格遵守交通安全法规和各项安全管理制度及本岗位操作规程,严禁违规操作,对本岗位的安全工作负直接责任。

(2) 严格执行调度制订的运输计划安排,按规定的时间、速度和路线行驶,保证货物准点,安全到达客户。

(3) 自觉接受安全教育培训,积极参加单位安全学习、培训、安全例会、班组安全活动和事故应急演练,增强安全和职业道德意识、提高自我防护能力和应急处理能力。

(4) 上岗按规定着装,佩戴个人防护用品,正确使用各种劳动保护器具和消防器材。

(5) 有权拒绝接受不符合安全管理规定的作业任务,有权拒绝违章作业的指令,对他人的违章作业有权加以劝阻和制止。

(6) 负责对自己所操作车辆、安全设施、安全附件的日常维护工作,及时发现、排除车辆安全隐患,保持车辆技术状况良好。

(7) 发生事故时必须立即按公司的应急反应程序的规定向有关人员报告,并及时抢救伤员和保护好事故现场。

7. 押运人员

押运人员安全生产职责应至少包括:

(1) 执行企业有关危险物运输押运的各项规章制度、操作规程和应急预案。

(2) 会同驾驶人员做好车辆(罐体)安全检查,保障相关证件、文书、车辆安全防护设施、设备及消防、防护用品、货物捆扎等齐全有效。

(3) 监督、提醒驾驶人员按照有关运输规定行车和停车,做好客户及货物核实,检查货物配装和堆码,行车途中应监视货物状态是否安全。

(4) 对运输事故及时报告和应急处置,且维护好现场。

(5) 应参加安全学习和教育培训等活动,按照《汽车运输危险货物规则》(JT 617—2004)和《汽车运输、装卸危险货物作业规程》(JT 618—2004)的要求,掌握安全技术知识与应急处理办法。

相 关 链 接

某企业"押运人员"的职责为:

(1) 严格遵守交通安全法规和各项安全管理制度及本岗位操作规程,严禁违规操作,对本岗位的安全工作负直接责任。

(2) 协助驾驶人员做好出车前的车辆及附属设备检查、途中车辆检查工作,协助驾驶人员进行路面安全监控工作和提醒驾驶人员安全行车。

(3) 严格执行调度制订的运输计划安排,负责对车辆运行路线、行驶速度、装卸作业进行监控,及时对违章作业提出纠正意见,拒绝纠正时,要及时向单位负责人报告。

(4) 自觉接受安全教育培训,积极参加单位安全学习、培训、安全例会、班组安全活动和事故应急演练,增强安全和职业道德意识,提高自我防护能力和应急处理能力。

(5) 上岗按规定着装,佩戴个人防护用品,正确使用各种劳动保护器具和消防器材。

(6) 在危险化学品运输押运过程中,如发生事故或发生被盗、丢失、泄漏等情况时,应及时向公司有关领导报告,要配合驾驶人员及时设置警戒线,疏散无关人员和车辆。

---

8. 装卸管理人员

装卸管理人员安全生产职责应至少包括:

(1) 执行企业有关危险物运输装卸的各项规章制度、操作规程和应急预案。

第三章 危险货物道路运输企业安全生产责任制编写指南

(2)检查运输车辆的资质、设备状况和安全措施、装卸作业区安全、车辆(罐体)、安全设备、装卸机具技术性能、货物、人员、证件、手续及作业人员劳动防护用品穿戴是否符合要求。

(3)监视装卸过程和装卸作业应符合《汽车运输、装卸危险货物作业规程》(JT 618—2004)规定。

相关链接

某企业"装卸管理人员"的职责为:

(1)严格遵守《汽车运输、装卸危险货物作业规程》(JT 168—2004)和各项安全管理制度及本岗位操作规程,对本岗位的安全工作负直接责任。

(2)了解危险货物的一般物理、化学特性和装卸工具的使用,具备一定的应对突发事件能力。

(3)监督装卸人员严格执行危险品装卸作业规程,制止装卸人员违反作业规程的行为。

(4)上岗按规定着装,佩戴个人防护用品,正确使用各种劳动保护器具和消防器材。

(5)自觉接受安全教育培训,积极参加单位安全学习、培训、安全例会、班组安全活动和事故应急演练,增强安全和职业道德意识,提高自我防护能力和应急处理能力。

(6)在危险化学品装卸过程中,如发生事故时,应及时向公司有关领导报告,要配合驾驶人员、押运人员及时设置警戒线,疏散无关人员和车辆。

由于危险货物道路运输企业运输介质、车辆种类、运行环境,以及管理的具体要求等均存在差异,《危险货物道路运输企业安全生产责任制编写要求》(JT/T 913—2004)关于驾驶人员、押运人员、装卸管理人员职责给出的是最基本的安全职责,企业可以根据自己的具体情况和要求,进一步制定涵盖上述内容的规定,以适合本企业的实际情况。

9.其他岗位

其他岗位人员应负责其职责范围内的安全生产工作。

以下介绍某危险货物道路运输企业其他岗位安全职责,以供参考。

1)车辆设备员岗位

(1)认真执行国家及上级有关安全运输的方针、政策、法令、法规和车辆技术管理规定和标准,在本部门负责人领导下,负责本部门车辆设备管理工作。

(2)组织落实运输车辆的维护、修理、检测等工作,保证车辆和各类设备符合国家技术标准。

(3)负责编写车辆设备的管理制度和操作规程,并督促检查执行落实情况。

(4)定期对车辆、设备进行安全检查,及时消除设备隐患,确保车辆技术性能良好。

(5)参与有关事故的调查、处理工作。

(6)负责对员工进行车辆、设备安全操作技术、维护知识培训。

(7)负责车辆技术管理工作,建立车辆技术档案。

2)车辆调度员岗位

(1)严格遵守各项安全管理规定,负责运输过程的安全监督工作,不违章指挥,有权拒绝违章作业的指令,对他人的违章作业有权加以劝阻和制止。

(2)合理调派车辆及驾驶人员,出车前应向驾驶人员传达有关安全要求,保障运输安全。

(3)通过危运车辆 GPS 监控统及时了解驾驶人员作业过程中的安全隐患及不安全行为,并向驾驶人员提出告诫。

(4)发生事故时,准确按程序报告,坚守调度岗位,做好内部和外部的通信联络工作。

(5)积极参加各项安全学习和事故演练活动。

(6)配合事故调查处理。

3)车辆 GPS 监控员岗位

(1)负责对车辆按指定的线路、车速进行监控,及时提醒驾驶人员自觉遵守安全操作规程。

(2)负责所属车辆 GPS 使用状况的检查。

(3)负责了解车辆调度和通过 GPS 监控车辆安全运行动态,并对车辆运行情况在《危运车辆 GPS 监控数据登记表》进行记录。

(4)参加本单位开展的安全教育培训和事故演练活动。

(5)配合事故调查处理。

4)车队长岗位

(1)贯彻执行国家、地方政府有关运输安全生产的方针、政策、法律、各项指令,组织落实一岗双责制、安全管理制度和安全操作规程。

(2)根据运输业务、经营计划,负责组织车辆、设备、人员按要求完成运输作业任务。

(3)负责日常运输过程中的安全、环保、职业卫生的防范工作。

(4)负责车辆、设备的检查、维护,落实车辆、设备、附件的定期检测。

(5)负责制订并执行运输的作业方案、安全操作规程、应急预案,负责监督、检查和考核。

(6)定期召开安全例会,研究、解决本单位安全管理中存在的问题。

(7)组织开展各项安全教育培训活动,定期组织班组安全活动、事故演练和安全、消防技能竞赛活动,提高从业人员的安全意识和技能。

(8)定期开展安全检查,落实隐患整改。

(9)负责运输各类事故的调查、分析、处理、统计、上报。

(10)负责建立本单位安全管理、人员管理、教育培训、事故管理、车辆管理等台账、记录。

(11)负责停车场、办公场所的环境卫生、消防设施、安全、保卫工作。

各岗位的职责及分工,参见《危险货物运输企业安全生产管理规范及岗位职责分工一览表》(附录二)。

三、安全生产责任书

安全生产目标责任书是将企业各层级安全生产相关领导、职能部门、岗位的安全职责、考核指标等以文字的形式进行明确,并据此对相关责任人进行考核、奖惩和责任追究。签订安全生产目标责任书,将本单位的安全生产责任目标层层分解到各部门、各岗位,明确责任人员、责任内容。安全生产责任书应逐级签署,一级对一级负责,覆盖企业的全体员工,从而实现安全管理全员参与、全员负责。

1. 安全生产目标责任书签订的原则

签订安全生产目标责任书是强化安全基础管理工作的必要措施,是明确职责、落实工作的重要手段,在安全责任书实施过程中要突出"三性",即针对性、可操作性和实效性,切忌搞形式主义花架子而走过场。

(1)突出针对性。在制定安全生产目标责任书时,要结合本单位的工作实际、每个人的工作实际和每个工作岗位的实际,有的放矢地制定安全生产目标责任书的内容,从贯彻安全生产方针政策和法律法规、落实安全生产责任制、控制安全生产事故指标等方面,一一"量身定制",列出本单位必须完成的重点工作,提出安全生产的目标、管理责任。缺乏针对性,也就失去了制定安全生产目标责任书的真正意义。

(2)突出可操作性。安全生产目标责任书的内容是否具体、是否能量化考核、是否切合工作实际,对推动安全生产工作有着非常重要的作用。安全生产目标责任书的内容能量化的要量化、能具体的要具体、能细化的要细化,少说大话套话,杜绝使用空洞、缺乏可操作性的内容。在安全生产目标责任书内容上要严格把关,保证内容详细、具体、可操作,便于落实、监督和考核。

(3)突出实效性。责任书的签订是为了明确责任,落实安全生产工作。有的单位安全责任书虽然签了,但是并没有真正落实下去,中间无人监督、无人对照检查落实,成了一纸空文。只是把安全生产目标责任书说在嘴上、写在纸上、锁在柜子里,形同虚设,成了一件应付上级检查考核的"装饰品",成了某些单位和个人推卸责任的凭据,没有发挥其落实责任、落实安全生产工作的应有作用。因此,安全生产责任书签订后,应定期进行监督、考核,抓好责任书中各项安全生产的目标、管理责任落实,确保安全生产目标责任书的实效性。

2. 安全生产责任书基本内容

(1)明确职务或岗位,如主管安全生产副总经理。

(2)所签订的"安全生产责任书"目的明确:为进一步加强安全生产管理工作,落实本岗位安全生产责任制,特签订本责任书。

(3)责任书内容中所负安全生产职责明确。

(4)有量化的安全目标。

(5)赋予责任人与受于责任人双方签名。

(6)签订的日期。

(7)安全生产责任书一式两份,签订人各执一份。

3. 安全生产责任书签订程序

安全生产责任书在企业一般是逐级签订,企业主要负责人与分管负责人签,分管负责人与部门负责人签,部门负责人与具体员工签订,具体签订程序如图3-5所示。也有企业是由企业与具体员工直接签订安全生产责任书的。

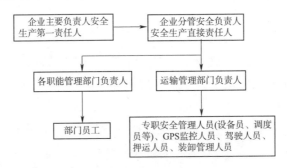

图3-5 危险货物道路运输企业安全生产责任书签订程序

相 关 链 接

某企业集团公司与子公司签订的安全目标责任书:

安全目标责任书

甲方:×××集团物流有限公司

乙方:×××危险货物运输有限公司

为了全面落实集团公司安全工作会议对2016年安全管理工作的部署,切实提高预防预控能力,全面完成下达的年度安全指标和年度重点工作任务,甲、乙双方签订2016年安全目标管理责任书如下:

一、责任期限:2016年1月1日至2016年12月31日。

二、安全指标:乙方安全承包控制指标按××安字〔2016〕×××号文执行。

1. 全年杜绝特大道路交通责任事故,重大道路交通责任0人、重伤人数0人。一般道路交通事故不得超上年度数。

2. 全年职工工伤死亡人数0人、重伤人数0人、轻伤人数0人。

3. 全年场内重大事故0起、火灾事故0起、中毒事故0起。

4. 全年一般治安案件0起。

5. 经理、安技干部、特种作业人员持证率100%。

6. 重点设备、场内车辆检测率100%。

三、管理目标责任：

1. 本单位安全责任目标分解、执行率达100%。

2. 本单位安全工作有计划、有布置、有检查、有资金投入安排。

3. 本单位安全基础管理符合安全工作流程规范要求。安全基础资料、台账实行计算机化管理。坚持全员安全包保责任制的落实与考核。

4. 本单位安全宣传、集中教育及竞赛活动、月度安全违法行使统计、分析、梳理分类管理，符合集团公司安全管理有关规定。

5. 每月坚持安全隐患的排查与整改，做到整改有计划、有投入、有措施、有反馈；发现不稳定因素，做到超前控制、超前处置。

6. 加强机务管理，严格执行集团《车辆机务管理规定》中的办法及流程规范。

7. 经营保险符合集团公司《经营统一保险管理办法》相关规定。

8. 年度安全评估工作按集团要求推进，对违法行使重点车辆及人员，做到有帮扶责任、有针对帮扶、有控制措施、有经济处罚。

9. 坚持"1+3"安全监控体系工作，加强事故隐患和职业危险动态管理机制、持续改进机制、科学系统评价机制的建设。

四、安全年终奖评比及考核兑现按集团公司××安字〔2013〕××号文规定执行。发生事故因管理失职，造成企业经济损失的，按集团公司《各类重、特大事故渎、失职责任赔偿金制度》规定，在调查核实基础上，对本单位直接责任人进行责任追究并实行经济赔偿。

本责任书一式二份，甲、乙双方各执一份，本责任书解释权归×××集团物流有限公司。

甲方：×××集团物流有限公司

签字：

乙方签字：

年　月　日

相 关 链 接

某企业董事长与总经理签订的安全目标责任书：

×××危货运输有限公司××××年年度总经理安全目标责任书

为深入贯彻执行"安全第一，预防为主，综合治理"的安全工作方针，强化总经理的岗位安全责任，确保公司安全管理工作顺利开展，结合总经理的工作实际，签订如下安全目标责任书：

（一）安全目标

1. 重、特大责任交通事故为零，危化品泄漏、爆炸事故为零。

2. 百台车道路交通事故责任事故起数（一般事故次要责任以上）<6.6次，百万公里事故起数<1.2次。

3. 百台车道路交通事故死亡人数<0.83人，百万车公里死亡人数<0.15人。

4. 百台车受伤人数<4.95人，百万车公里受伤人数<0.9人。

5. 百台车直接经济损失控制<18.7万元，百万车公里直接经济损失<3.5万元。

6. 工伤事故死亡人数为零，工伤重伤人数为零，特大工伤事故为零。

7. 火灾、盗窃事故次数为零。

8. GPS监控车辆在线率不得低于全行业平均水平，车辆违章、违法行为处理率达100%。

9. 从业人员安全宣传教育培训率达100%。

10. 安全生产管理人员、特种作业人员持证上岗率达100%。

11. 车辆检查率达100%，车辆二维上线合格率达100%，事故隐患整改率达100%。

12. 安全生产管理制度落实率达100%。

13. 企业达到道路危险货物运输安全标准化二级企业标准。

14. 企业达到ISO 9001质量管理体系、ISO 14001环境管理体系和《职业健康安全管理体系要求》(GB/T 28001—2012)的标准。

（二）安全工作职责

1. 认真执行国家关于安全生产的法律法规，对安全生产负有主要领导责任，具体负责本企业安全生产工作，审定安全管理各项制度并督促实施，落实全员安全生产责任制。

2. 建立企业内部的安全领导机构，明确安全职能部门，健全安全管理组织网络，按规定配备专兼职安全管理人员。

3. 坚持四级检查制度，积极推行"事故隐患、危险点控制法"，认真督查劳动安全、消防、交通等重大事故隐患的整改，组织制定并实施安全事故应急救援预案，接受国家和行业主管部门的监督管理，对上级整改意见及时予以落实。

4. 保证本单位安全生产投入的有效实施，企业新建、改建、扩建等工程项目的安全设施，必须与主体工程同时设计、同时施工、同时投入生产和使用。

5. 签订各种经济合同时，必须保证有安全生产、劳动保护的专项内容，明确各责任人的安全工作责任。

6. 积极参加安全培训，取得安监等主管部门颁发的厂长（经理）安全资格证书。督促检查员工安全教育和培训情况，保证特殊工种持证上岗。

7. 不断完善单位应急救援机制，购置配备必要的抢险救援器材、设备，督促员工按规定使用劳动保护用品。

8.企业发生重大事故时,亲临现场,组织指挥抢救,防止事故扩大,并按规定程序及时上报有关部门,落实防范措施。

总经理应按照《年度安全生产目标分解表》和《总经理安全工作职责》的要求认真履行岗位职责,保障公司下达目标的圆满实现。公司安全生产领导小组将严格按照《安全生产考核奖惩制度》对年度安全目标实现及履行职责情况进行考核奖惩。

董事长签字：　　　　　　总经理签字：
　年　月　日　　　　　　　年　月　日

相关链接

某企业总经理与副总经理签订的安全目标责任书：

×××危货运输有限公司×××年年度副总经理安全目标责任书

为深入贯彻执行"安全第一,预防为主,综合治理"的安全工作方针,强化安全责任,确保日常工作和安全管理工作顺利开展,结合副总经理的岗位实际,签订如下安全目标责任书：

(一)安全目标

1. 重、特大责任交通事故为零,危化品泄漏、爆炸事故为零。

2. 百台车道路交通事故责任事故起数(一般事故次要责任以上)<6.6次,百万公里事故起数<1.2次。

3. 百台车道路交通事故死亡人数<0.83人,百万车公里死亡人数<0.15人。

4. 百台车受伤人数<4.95人,百万车公里受伤人数<0.9人。

5. 百台车直接经济损失控制<18.7万元,百万车公里直接经济损失<3.5万元。

6. 工伤事故死亡人数为零,工伤重伤人数为零,特大工伤事故为零。

7. 火灾、盗窃事故次数为零。

8. GPS监控车辆在线率不得低于全行业平均水平,车辆违章、违法行为处理率达100%。

9. 从业人员安全宣传教育培训率达100%。

10. 安全生产管理人员、特种作业人员持证上岗率达100%。

11. 车辆检查率达100%,车辆二维上线合格率达100%,事故隐患整改率达100%。

12. 安全生产管理制度落实率达100%。

13. 企业达到道路危险货物运输安全标准化二级企业标准。

14. 企业达到ISO 9001质量管理体系、ISO 14001环境管理体系和《职业健康安全管理体系 要求》(GB/T 28001—2011)的标准。

(二)安全工作职责

1. 贯彻执行上级有关安全生产方针、政策法律、法规及企业各项安全管理规章制度。

2. 对企业安全生产负有综合治理的责任,对分管范围内的安全生产工作负主要责任。

3. 正确处理安全与生产关系,支持、协助总经理和分管安全副总经理的工作,为安全生产提供所需保障,创造良好环境,发挥所辖部门的应有作用。

4. 认真搞好分管部门的业务培训,督促分管部门落实安全工作职责,提高员工安全生产意识和业务素质。

5. 分管范围内发生各类事故,应亲临现场,协助调查事故原因,落实防范措施。

副总经理应按照《年度安全生产目标分解表》和《副总经理安全工作职责》的要求认真履行岗位职责,保障公司年度安全目标的实现。公司安全生产领导小组将严格按照《安全生产考核奖惩制度》对年度安全目标实现及履行职责情况进行考核奖惩。

本责任书一式二份,双方各存一份,自签字之日起生效。

总经理签字:　　　　　　　　　副总经理签字:

　　年　月　日　　　　　　　　　年　月　日

相关链接

某企业与驾驶人员签订的安全目标责任状:

×××危货运输有限公司×××年年度驾驶人员安全目标责任书

为深入贯彻执行"安全第一,预防为主,综合治理"的安全工作方针,强化驾驶人员的岗位安全责任,确保公司安全管理工作顺利开展,结合驾驶人员的工作实际,签订如下安全目标责任书:

(一)安全目标

1. 重、特大责任交通事故为零,危化品泄漏、爆炸事故为零。

2. 道路交通事故责任事故为零。

3. 道路交通事故死亡人数为零。

4. 受伤人数为零。

5. 直接经济损失为零。

6. 工伤事故死亡人数为零,工伤重伤人数为零,特大工伤事故为零。

7. 火灾、盗窃事故次数为零。

8. 确保车载GPS终端始终处于完好状态。

9. 车辆检查率达100%,每日按时进行车辆例保检查,保证例保检查率达100%。

(二) 安全工作职责

1. 自觉遵守交通法规和驾驶人员安全操作规程，遵守交通职业道德，按时参加单位和上级部门组织的安全教育、学习活动。

2. 合理安排工作时间，避免疲劳驾车，严禁开英雄车、赌气车，严禁超速、超载或驾驶带病车辆行驶，不准将车辆交给没有驾驶证和从业资格证的人员驾驶，要进一步增强安全行车意识，排除不利于安全行车的各种因素，确保行车安全。

3. 做好车辆出场前、行驶中、回场后的例保工作，决不允许车辆带病行驶。按规定期限做好车辆二级维护、车辆等级评定。定期参加公安和交通部门的车辆年检、季度检、重大节假日的临检。服从单位安全管理人员的管理和检查，确保车辆技术状况完好。

4. 危险品运输车辆的标志、三角顶灯及各种附属设施必须配备齐全，车厢底板平坦牢固，要根据危险品运输特性配备相应的防护用品、消防器材，对承运的货物要配备捆扎、防水、防散失工具。做好防火、防水、防盗、防滑、防冻、防震等防范措施，消除各类隐患，确保行车安全。

5. 危险品车辆过渡、过桥，要严格遵守渡口桥梁的管理规定，严格按指定时间、线路过渡、过桥。

6. 装运石油液化气等特种槽罐车，必须符合《液化石油气汽车与槽车安全管理规定》要求，所有罐车(含常压、压力)按时参加技术监督部门的定期检测检验，检验合格证及使用证必须交公司安全综合科存档备案。

7. 车辆不得超过营运证规定的经营范围进行运输，在换装货物时，必须到有资质的单位进行清洗干净。不得使用罐式专用车辆或者运输有毒、腐蚀、放射性危险货物的专用车辆运输普通货物。危险货物不得与普通货物或性质相抵触的货物混装。

8. 车辆运输剧毒物品和易制毒物品时，必须按规定办理审批手续，保证手续齐全有效。

9. 运输危险货物的车辆在一般道路上最高车速为不超过60km/h，在高速公路上最高车速为不超过80km/h，并应确认有足够的安全车间距离。如遇雨天、雪天、雾天等恶劣天气，最高车速为20km/h，并打开示警灯，警示后车，防止追尾，大雾天气采取停运措施，选择安全地点停放车辆，待雾散后方可营运。

10. 运输过程中，应每隔2h检查一次车况和货物，若发现货损(如丢失、泄漏等)，应及时联系当地有关部门予以处理。

11. 车辆每日运行超过400km的要配备2名以上驾驶人员，驾驶人员一次连续驾驶4h应休息20min以上，24h内实际驾驶车辆时间累计不得超过8h。

12. 运输危险货物的车辆发生故障需修理时，应选择在安全地点和具有相关资质的汽车修理企业进行。

13. 要不断总结积累安全行车经验,在冬季雨雪冰冻,夏季高温等恶劣气候条件下,尤其要注意采取措施,避免追尾、翻车、爆胎等事故的发生。

14. 必须做好车辆的每日例保检查和行车日志的填写工作。确保各安全部件灵敏有效,必须确保GPS正常运作,如发现工作不正常,立即到单位报修。

15. 发生道路交通事故和危化品事故,按单位制定的行车安全预案及时报警处置,不得弃车逃跑,造成损失扩大。

16. 遇冰、雪、雨、雾等恶劣天气,必须按规定配备专用设备(防滑链等)方可投入营运,不具备行驶条件的禁止营运。

驾驶人员应根据驾驶人员年度安全工作目标和《驾驶人员安全工作职责》的要求认真履行岗位职责,保障公司下达安全目标的实现。公司安全生产领导小组将严格按照《安全生产考核奖惩制度》对对年度安全目标实现及履行职责情况进行考核奖惩。

本责任书一式二份,责任人、公司各存一份,自签字之日起生效。

驾驶人员:(签名)

×××危货运输有限公司

(加盖公司印章)　　　　　　　年　　　月　　　日

公司安全报告电话:×××××××　公司安全管理人员手机:××××××××××

相 关 链 接

某企业与押运人员押运人员签订的安全目标责任书:

×××危货运输有限公司×××年年度押运人员押运人员安全目标责任书

为深入贯彻执行"安全第一,预防为主,综合治理"的安全工作方针,强化押运人员押运人员的岗位安全责任,确保公司安全管理工作顺利开展,结合押运人员押运人员的工作实际,签订如下安全目标责任书:

(一)安全目标

1. 重、特大责任交通事故为零,危化品泄漏、爆炸事故为零。
2. 道路交通事故责任事故为零。
3. 道路交通事故死亡人数为零。
4. 受伤人数为零。
5. 直接经济损失为零。
6. 工伤事故死亡人数为零,工伤重伤人数为零,特大工伤事故为零。
7. 火灾、盗窃事故次数为零。
8. 确保车载GPS终端始终处于完好状态。
9. 车辆检查率达100%,每日按时进行车辆例保检查,保证例保检查率达100%。

(二)安全工作职责

1. 认真学习国家有关道路危险货物的法律、法规和技术标准方面的基本知识,按时参加单位和上级部门组织的安全学习和教育培训。

2. 随车携带所运危险货物的"道路运输危险货物安全卡",根据所运危险货物特性,携带遮盖、捆扎、防潮、防火、防毒等工、器具和应急处理设备、劳动防护用品,配备与所运货物相适应的消防器材并定期检查、维护,发现问题立即更换或修理。

3. 了解所运载的危险货物的性质、危害特性和发生意外时的应急措施。了解国家、政府主管部门对道路危险货物运输的管理规定、办法、标准等。

4. 装卸、运输过程中,不得远离车辆,保证车辆随时处于押运人员的安全监管之下。

5. 出车前协助驾驶人员做好车辆例行维护,检查车辆标志、容器等安全附件是否符合规定要求。

6. 车辆不得超过营运证规定的经营范围进行运输,在换装时,必须到有资质的单位进行清洗干净。做好危险货物装载时的监督工作,不得随意远离作业区,检查装载货物的包装,对不符合包装要求的拒绝装载,严禁超载、超限运输。

7. 运输途中,车上严禁搭乘无关人员,应密切注意车辆所装载的危险货物动态,每2h检查一次,发现问题及时会同驾驶人员采取措施妥善处理,不得擅自离岗、脱岗。

8. 运输途中遇有天气发生变化及道路路面状况发生变化时,应根据所载危险货物特性,及时采取安全防护措施。遇有雷雨时,不得在树下、电线杆、高压线、铁塔、高层建筑及容易遭到雷击和产生火花的地点停车。若要避雨时,应选择安全地点停放。遇有泥泞、冰冻、颠簸、狭窄及山崖等路段时,应低速缓慢行驶,防止车辆发生侧滑、打滑、危险货物剧烈振荡等现象,以确保安全。

9. 遇险时立即拨打"110"或"道路运输危险货物安全卡"上紧急救助电话,对事故情况和危险货物名称、特性等进行详细描述,并针对危险货物特性采取必要的应急处理措施,阻止无关人员和车辆的接近。

10. 及时向单位管理人员报告运输作业过程中的有关客户、安全、质量方面的信息。

押运人员押运人员应根据本岗位安全目标及《押运人员押运人员安全工作职责》的要求认真履行岗位职责,保障公司下达安全目标的实现。公司安全生产领导小组将严格按照《安全生产考核奖惩制度》对年度安全目标实现及履行职责情况进行考核奖惩。

本责任状一式二份,责任人、公司各存一份,自签字之日起生效。

立责任状人:(签名)

×××危货运输有限公司

(加盖公司印章)　　　　　　　　年　　月　　日

公司安全报告电话:×××××××　公司安全管理人员手机:×××××××××××

四、危险货物道路运输企业安全生产责任制编写基本流程

根据危险货物道路运输实际,以上述要求,危险货物道路运输企业安全生产责任制编写基本流程如图3-6所示。

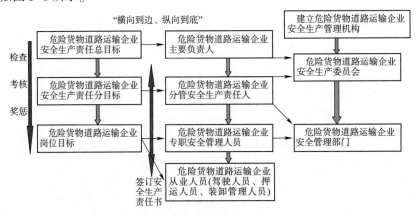

图3-6 危险货物道路运输企业安全生产责任制编写流程

附 录

附录一 《危险货物运输企业安全生产管理层级及主体职责划分一览表》

主体责任		(1)设置安全生产领导机构和管理机构,配备与本单位安全生产工作相适应的专职安全管理人员,保障安全生产投入。 (2)建立健全安全生产目标管理,并将本单位的安全生产责任目标分解到各部门、各岗位,明确责任人员、责任内容。 (3)建立健全并落实安全生产组织机构、安全生产领导责任制、从业人员职责、档案管理、专用车辆与设备管理、停车场地管理、运营动态监控管理、运输安全生产操作规程、从业人员管理、安全生产教育培训、劳动保护管理、安全生产考核与奖惩、运输安全生产监督检查、隐患排查治理、危险货物运输管理、危险货物管理、应急救援预案、安全事故报告、统计与处理、业务受理及调度管理、事故应急处置与责任倒查等20项安全管理制度。 (4)定期召开安全生产工作会议和例会,分析安全形势,安排各项安全生产工作,研究解决安全生产中的重大问题。 (5)落实安全培训主体责任。建立健全机构并配备充足人员,保障经费需求,严格落实从业人员持证上岗和先培训后上岗制度,对从业人员进行经常性安全生产、职业道德、业务知识和操作规程的教育培训,健全安全培训档案。 (6)建立并落实安全生产投入制度,健全安全生产投入及使用台账。 (7)落实危运车辆GPS监控主体责任。制定GPS监控管理制度,配备专职或兼职监控人员,对危险货物运输车辆进行动态监控,及时纠正和处理超速行驶、疲劳驾驶、不按规定线路行驶等违法违规驾驶行为,健全监控管理台账并按规定保存。 (8)切实执行安全生产管理制度并健全相关的台账记录。 (9)履行法律、法规规定的其他安全生产职责
管理层级	职位	职　　责
经营班子(第一)层级	企业总经理(主要负责人、第一责任人)	负有安全生产的全面责任,具体如下: (1)严格执行安全生产的法律、法规、规章、规范和标准,组织落实相关管理部门的工作部署和要求。 (2)建立健全本单位安全生产责任制,组织制定并落实本单位安全生产规章制度、从业人员和车辆安全生产管理办法等,落实安全生产操作规程。 (3)按照安全生产法律法规赋予的职责,对安全生产负全面组织领导、管理责任和法律责任,并履行安全生产责任和义务。 (4)依法建立适应安全生产工作需要的安全生产管理机构,确定符合条件的分管安全生产的负责人、技术负责人,配备专职安全管理人员。 (5)按规定足额提取安全生产专项资金,保证本单位安全生产经费投入的有效实施。 (6)督促、检查本单位安全生产工作,及时消除生产安全事故隐患。 (7)组织开展本单位的安全生产教育培训工作。

续上表

管理层级	职位	职责
经营班子(第一)层级	企业总经理(主要负责人、第一责任人)	(8)组织开展安全生产标准化建设。 (9)组织制定并实施本单位的生产安全事故应急救援预案,建立应急救援组织,开展应急演练。 (10)定期组织分析本单位安全生产形势,研究解决重大问题。 (11)按相关规定报告危险货物运输生产安全事故,严格按照事故"四不放过"原则,严肃处理事故责任人,落实生产安全事故处理的有关工作。
	分管安全的副总经理(分管安全管理负责人、直接责任人)	协助主要负责人履行安全生产职责,统筹协调和综合管理企业的安全生产工作,对安全生产负重要管理责任,具体负有下列职责: (1)严格执行安全生产的法律、法规、规章、规范和标准,组织实施安全工作部署和要求,参与本单位安全生产决策。 (2)组织制定并落实本单位安全生产操作规程、从业人员和车辆安全生产管理办法、安全责任追究等规章制度,落实本单位安全生产责任制。 (3)组织实施或监督本单位安全生产的有效投入。 (4)组织开展本单位的安全生产检查,督促相关部门及时消除生产安全事故隐患。 (5)组织开展本单位的安全生产宣传、教育和培训工作,总结和推广安全生产工作的先进经验。 (6)组织开展本单位安全生产标准化建设工作。 (7)组织制定并实施本单位的生产安全事故应急救援预案,建立应急救援组织,开展应急演练。 (8)定期组织分析本单位安全生产形势,研究解决重大问题。 (9)按相关规定报告危险货物运输生产安全事故,严格按照事故"四不放过"原则,严肃处理事故责任人,落实生产安全事故处理的有关工作。 (10)其他安全生产管理工作
	分管运输的副总经理(分管日常经营、车辆管理负责人;具体责任人)	对各自职责范围内的安全生产工作负直接管理责任。具体负有下列职责: (1)严格执行安全生产的法律、法规、规章、规范和标准。 (2)组织分管部门落实安全生产操作规程、从业人员和车辆安全生产管理办法、安全责任追究等规章制度。 (3)负责企业经营资质、车辆营运资质、从业人员从业资质管理工作。 (4)组织分管部门落实安全生产年度管理目标和安全生产管理工作部署,与分管部门签订安全生产责任书,参与本单位安全生产决策。 (5)组织分管部门落实安全生产的投入。 (6)组织开展安全生产检查,督促分管部门及时消除生产安全事故隐患。 (7)组织开展分管业务的安全生产宣传、教育和培训工作,总结和推广安全生产工作的先进经验。 (8)组织开展分管业务安全生产标准化建设工作。 (9)组织分管部门制定并实施生产安全事故应急救援预案,建立应急救援组织,开展应急演练。 (10)定期分析分管业务的安全生产形势,研究解决重大问题。 (11)按相关规定报告危险货物运输生产安全事故,严格按照事故"四不放过"原则,严肃处理事故责任人,落实生产安全事故处理的有关工作。 (12)其他安全生产管理工作

续上表

管理层级	职位	职责
部门(第二)层级	安全管理部门负责人(综合安全责任人)	具体如下： (1)严格执行安全生产的法律、法规、规章、规范和标准，参与本单位安全生产决策。 (2)落实安全生产责任制，制定安全生产操作规程，岗位安全管理的职责、流程和考核办法，安全责任追究等规章制度。 (3)组织安全生产年度管理目标和安全生产管理工作计划，落实考核工作。 (4)监督安全生产投入的实施情况。 (5)组织开展安全生产检查，督促相关部门及时消除生产安全事故隐患。 (6)组织开展安全生产宣传、教育和培训工作，总结和推广安全生产工作的先进经验。 (7)组织开展安全生产标准化建设工作。 (8)制定生产安全事故应急救援预案，建立应急救援组织，开展应急演练。 (9)定期分析本单位安全生产形势，研究解决重大问题。 (10)按相关规定报告危险货物运输生产安全事故，严格按照事故"四不放过"原则，严肃处理事故责任人，落实生产安全事故处理的有关工作。 (11)其他安全生产管理工作
	运输管理部门负责人(具体责任人)	具体如下： (1)严格执行安全生产的法律、法规、规章、规范和标准。 (2)落实安全生产操作规程、从业人员管理办法、安全责任追究等规章制度。 (3)落实安全生产年度管理目标和安全生产管理工作部署，参与本单位安全生产决策。 (4)落实安全生产的投入。 (5)加强企业营运资质、营运车辆运输资质、从业人员从业资质管理工作。凡不符合法律法规要求的企业、车辆、从业人员，一律不予开展道路运输经营活动。 (6)开展安全生产检查，及时消除生产安全事故隐患。 (7)落实安全生产宣传、教育和培训工作，总结和推广安全生产工作的先进经验。 (8)推行安全生产标准化管理。 (9)落实生产安全事故应急救援响应。 (10)定期分析安全生产形势，研究解决重大问题。 (11)按相关规定报告危运生产安全事故，严格按照事故"四不放过"原则，严肃处理事故责任人，落实生产安全事故处理的有关工作。 (12)落实车辆运营动态安全监管。 (13)其他安全生产管理工作
分支机构层级(第三)层级	安全员(具体责任人)	具体职责如下： (1)危运企业应当配备专职安全生产管理人员。 (2)安全生产管理人员必须具备与本单位所从事的危险货物运输经营活动相应的安全生产知识和管理能力。 (3)督促生产经营单位认真贯彻执行有关安全生产的法律、法规和方针、政策。 (4)督促生产经营单位建立健全安全生产责任制度、安全生产管理制度、安全生产工作档案、安全操作规程和安全生产检查表，拟定年度安全生产工作计划和安全生产措施建议，并负责监督落实。

续上表

管理层级	职位	职　责
分支机构层级(第三)层级	安全员(具体责任人)	(5)掌握生产经营单位安全生产状况,协助企业制定道路交通事故应急预案并指导落实。 (6)协助对所属营运车辆进行发车前安全检查,及时排除安全隐患;协助对在行驶中的营运车辆进行定位监控,及时提醒和纠正所发现的车辆超速、驾驶人疲劳驾驶等影响道路交通安全的情形。对检查发现的事故隐患,及时报告企业主要负责人,提出整改意见并督促企业落实整改。 (7)协助生产经营单位对本单位所有从业人员开展安全生产宣传教育和培训工作。 (8)协助有关部门处理生产经营单位安全违法行为
	驾驶人员(具体责任人)	具体职责如下: (1)驾驶人员应当驾驶与其从业资格类别相符的车辆。驾驶营运车辆时,应当随身携带从业资格证、《道路运输证》,应当按照《汽车运输危险货物规则》(JT 617—2004)的要求,随车携带《道路运输危险货物安全卡》、应急预案、安全说明书以及相关应急与防护设备。 (2)认真接受相关法规、安全知识、专业技术、职业卫生防护和应急救援知识的培训,了解危险货物性质、危害特征、包装容器的使用特性和发生意外时的应急措施。 (3)参加企业定期组织的经常性的安全、职业道德教育和业务知识、操作规程培训,并参加继续教育培训,取得继续教育培训合格证书。 (4)应当按照规定填写行车日志。 (5)应当采取必要措施防止货物脱落、扬撒等。 (6)应当按照道路交通安全主管部门指定的行车时间和路线运输危险货物。 (7)应当严格按照《汽车运输危险货物规则》(JT 617—2004)、《汽车运输、装卸危险货物作业规程》(JT 618—2004)等标准操作,不得违章作业。 (8)在道路危险货物运输过程中发生燃烧、爆炸、污染、中毒或者被盗、丢失、流散、泄漏等事故,应当立即向当地公安部门和所在运输企业或者单位报告,说明事故情况、危险货物品名和特性,并采取一切可能的警示措施和应急措施,积极配合有关部门进行处置。 (9)不得超限、超载运输,连续驾驶时间不得超过4h
	押运人员(具体责任人)	具体职责如下: (1)上岗时应当随身携带从业资格证,应当按照《汽车运输危险货物规则》(JT 617—2004)的要求,随车携带《道路运输危险货物安全卡》。 (2)接受相关法规、安全知识、专业技术、职业卫生防护和应急救援知识的培训,了解危险货物性质、危害特征、包装容器的使用特性和发生意外时的应急措施。 (3)参加企业定期组织的经常性的安全、职业道德教育和业务知识、操作规程培训,并参加继续教育培训,取得继续教育培训合格证书。 (4)应当对道路危险货物运输进行全程监管。 (5)应当严格按照《汽车运输危险货物规则》(JT 617—2004)、《汽车运输、装卸危险货物作业规程》(JT 618—2004)操作,不得违章作业
	装卸管理人员(具体责任人)	具体职责如下: (1)上岗时应当随身携带从业资格证,应当按照安全作业规程对道路危险货物装卸作业进行现场监督,确保装卸安全。

续上表

管理层级	职位	职责
分支机构层级（第三）层级	装卸管理人员（具体责任人）	(2)接受相关法规、安全知识、专业技术、职业卫生防护和应急救援知识的培训,了解危险货物性质、危害特征、包装容器的使用特性和发生意外时的应急措施; (3)参加企业定期组织的经常性的安全、职业道德教育和业务知识、操作规程培训,并参加继续教育培训,取得继续教育培训合格证书。 (4)应当严格按照《汽车运输危险货物规则》(JT 617—2004)、《汽车运输、装卸危险货物作业规程》(JT 618—2004)操作,不得违章作业

附录二 《危险货物运输企业安全生产管理规范及岗位职责分工一览表》

序号	项目	具体内容	基本要求	主管部门监管方式	职责分工							
					主要负责人	分管业务负责人	分管安全负责人	业务部门负责人	安全部门负责人	分支机构负责人(车队长)	驾驶人员	押运人员	装卸管理人员
1	安全生产基础保障	设置安全生产领导机构和管理机构,配备安全管理人员	企业应当配备专职安全管理人员	检查企业专职安全管理人员任命书	统筹	协助	组织		主办	—	—	—	—
2			安全生产管理人员应当定期参加培训,且每年参加不少于20学时的再培训	检查企业安全培训记录	统筹	协助	组织		主办				
3		定期召开安全生产工作会议和例会	安全工作会议至少每季度召开一次	检查企业安全会议台账	统筹	协助	组织		主办	参加	—	—	—
4			安全例会至少每月召开一次		统筹	协助	组织		主办	参加	参加	参加	参加
5			特别是发生较大及以上事故后,应及时召开安全分析通报会		统筹	协助	组织		主办	参加	参加	参加	参加
6		安全生产专项资金设立、提取及使用	按不低于上年度实际营业收入的1.5%的比例提取、设立安全生产专项资金		统筹	协助	组织		主办	—	—	—	—
7			安全生产专项资金主要用于完善、改造、维护安全运营设施和设备,配备应急救援器材、设备和人员安全防护用品,开展安全宣传教育、安全培训,进行安全检查与隐患治理,开展应急救援演练等各项工作的费用支出	检查安全生产专项资金使用台账	统筹	协助	组织		主办	—	—	—	—

附 录

续上表

序号	工作任务 项目	工作任务 具体内容	工作任务 基本要求	主管部门监管方式	职责分工 主要负责人	职责分工 分管业务负责人	职责分工 分管安全负责人	职责分工 业务部门负责人	职责分工 安全部门负责人	职责分工 分支机构负责人（车队长）	职责分工 驾驶人员	职责分工 押运人员	职责分工 装卸管理人员
8	安全生产目标管理	制定责任目标	制定安全生产方针、目标和不低于主管部门下达的安全生产控制指标，制定实现安全生产方针与目标的措施	检查安全生产方针文件	统筹	协助	主办	—	主办	—	—	—	—
9	安全生产目标管理	依法建立健全安全生产目标管理	主要负责人的安全生产责任、目标	检查企业有关文件资料	主办	—	—	—	—	—	—	—	—
10	安全生产目标管理	依法建立健全安全生产目标管理	分管安全生产和运输经营的负责人的安全生产责任、目标	检查企业有关文件资料	统筹	主办	主办	—	—	—	—	—	—
11	安全生产目标管理	依法建立健全安全生产目标管理	安全、业务部门及其负责人的安全生产责任、目标	检查企业有关文件资料	统筹	组织	组织	主办	主办	—	—	—	—
12	安全生产目标管理	依法建立健全安全生产目标管理	车队和车队队长的安全生产责任、目标	检查企业有关文件资料	统筹	组织	指导	督查	督查	主办	—	—	—
13	安全生产目标管理	依法建立健全安全生产目标管理	岗位从业人员的安全生产责任、目标	检查企业有关文件资料	统筹	协助	组织	主办	主办	—	参加	参加	参加
14	安全生产目标管理	依法建立健全安全生产目标管理	企业与各分支机构层层签订安全生产目标责任书，制定明确的考核指标，定期（每季度）考核并公布考核结果及奖惩情况	检查企业责任书、考核公告文件	统筹	协助	组织	主办	主办	参加	参加	参加	参加
15	安全生产管理内容	危险货物运输从业人员管理制度	建立危险货物运输从业人员聘用制度	检查企业相关文件资料	统筹	组织	—	主办	—	—	—	—	—
16	安全生产管理内容	危险货物运输从业人员管理制度	建立危险货物运输从业人员安全教育、培训及考核制度	检查企业相关文件资料	统筹	—	组织	—	主办	—	—	—	—
17	安全生产管理内容	危险货物运输从业人员管理制度	建立危险货物运输从业人员档案管理制度	检查企业相关文件资料	统筹	组织	—	主办	—	—	—	—	—
18	安全生产管理内容	危险货物运输从业人员管理制度	要求驾驶人员和押运人员在运输危险货物时，严格遵守有关部门关于危险货物运输线路、时间、速度方面的有关规定，并遵守有关部门关于剧毒、爆炸危险品道路运输车辆在重大节假日通行高速公路的相关规定	检查企业相关文件资料	统筹	—	组织	—	主办	—	—	—	—

续上表

序号	项目	具体内容	基本要求	主管部门监管方式	主要负责人	分管业务负责人	分管安全负责人	业务部门负责人	安全部门负责人	分支机构负责人（车队长）	驾驶人员	押运人员	装卸管理人员
19	安全生产管理内容	车辆管理制度	企业应设立负责车辆技术管理的机构，配备车辆技术管理人员	检查机构设置及人员配备文件	统筹	组织	—	主办	—	参加	—	—	—
20			应当建立车辆技术管理制度，按照国家规定的技术规范对货运车辆进行定期维护，确保货运车辆技术状况良好	检查企业相关文件资料	统筹	组织	—	主办	—	参加	—	—	—
21			应当按照国家规定建立危运车辆技术档案，实行一车一档，实现车辆从购置到退出市场的全过程管理	检查车辆技术档案	统筹	组织	—	主办	—	参加	—	—	—
22			建立车辆安全检查制度	检查制度文件	统筹	—	组织	—	主办	—	—	—	—
23			按照国家有关规定建立车辆安全技术状况检测和年度审验、检验制度，严格执行货运车辆综合性能检测和技术等级评定制度，确保车辆符合安全技术条件		统筹	组织	—	主办	—	参加	—	—	—
24			专用车辆技术性能符合国家标准《营运车辆综合性能要求和检验方法》(GB 18565—2001)的要求；技术等级达到行业标准《营运车辆技术等级划分和评定要求》(JT/T 198—2004)规定的一级技术等级	检查车辆管理台账	统筹	组织	—	主办	—	参加	—	—	—

附 录

续上表

序号	工作任务		基本要求	主管部门监管方式	职责分工						
	项目	具体内容			主要负责人	分管业务负责人	分管安全负责人	业务部门负责人	安全部门负责人	分支机构负责人（车队长）	驾驶人员	押运人员	装卸管理人员
25	安全生产管理内容	车辆管理制度	危运车辆应当安装具有行驶记录功能的卫星定位装置。	检查GPS安装文件	统筹	组织	—	主办	—	参加	—	—	—
26			罐式专用车辆的罐体应当经质量检验部门检验合格，且罐体载货后总质量与专用车辆核定载质量相匹配	检查罐体检验文件	统筹	组织	—	主办	—	参加	—	—	—
27			禁止使用报废的、擅自改装的、检测不合格的、车辆技术等级达不到一级的和其他不符合国家规定的车辆从事道路危险货物运输	检查车辆管理台账	统筹	组织	—	主办	—	参加	—	—	—
28			车辆持有效的《道路运输证》、《机动车行驶证》，车辆外观等应符合国家法律法规和行业标准规范	检查车辆许可文件	统筹	组织	—	主办	检查	参加	—	—	—
29			运输剧毒化学品、爆炸品专用车辆及罐式专用车辆(含罐式挂车)应当到具备道路危险货物运输车辆维修资质的企业进行维修。牵引车以及其他专用车辆由企业自行消除危险货物的危害后,可到具备一般车辆维修资质的企业进行维修	检查车辆维修记录	统筹	组织	—	主办	检查	参加	—	—	—
30			确保危运车辆的技术性能条件符合相关法规、标准规范的要求	检查车辆管理台账	统筹	组织	—	主办	—	参加	—	—	—

续上表

序号	项目	工作任务 具体内容	基本要求	主管部门监管方式	职责分工 主要负责人	分管业务负责人	分管安全负责人	业务部门负责人	安全部门负责人	分支机构负责人(车队长)	驾驶人员	押运人员	装卸管理人员
31	安全生产管理内容	运营动态监控制度	按照《印发广东省交通运输厅关于道路运输车辆卫星定位监控平台应用管理办法的通知》(粤交运20101794号),为危险货物运输车辆安装符合技术标准的卫星定位装置,接入深圳市交通运输委的监控平台或监控端	检查GPS监控记录	统筹	—	组织	协办	主办	参加	—	—	—
32			建立卫星定位装置及监控平台的安装、使用管理制度,建立动态监控工作台账,规范卫星定位装置及监控平台的安装、管理、使用工作,履行监控主体责任	检查企业文件资料	统筹	—	组织	协办	主办	参加	—	—	—
33			配备或聘请专职人员负责24h实时监控车辆行驶动态,记录分析处理动态信息,及时纠正和处理超速行驶、疲劳驾驶、不按规定线路行驶等违法违规驾驶行为。监控数据应当至少保存3个月,违法驾驶信息及处理情况应当至少保存3年	检查GPS记录及人员配备文件	统筹	—	组织	协办	主办	参加	—	—	—
34			确保卫星定位装置正常使用,保持车辆运行时在线	检查GPS监控台账	统筹	—	组织	协办	主办	参加	—	—	—
35			对故意遮挡车载卫星定位装置信号、破坏车载卫星定位装置的驾驶人员,以及不严格监控车辆行驶动态的值守人员给予处罚,严重的应调离相应岗位,直至辞退	检查GPS监控台账	统筹	—	组织	协办	主办	参加	—	—	—
36			运用动态监控手段做好危运车辆的组织调度,并及时发送重特大道路交通事故通报、安全提示、预警信息	检查GPS监控台账	统筹	—	组织	协办	主办	参加	—	—	—

续上表

序号	工作任务 项目	工作任务 具体内容	基本要求	主管部门监管方式	职责分工 主要负责人	职责分工 分管业务负责人	职责分工 分管安全负责人	职责分工 业务部门负责人	职责分工 安全部门负责人	职责分工 分支机构负责人（车队长）	职责分工 驾驶人员	职责分工 押运人员	职责分工 装卸管理人员
37	运营动态监控制度		在安排运输任务时应当严格要求驾驶人员在24h内累计驾驶时间不得超过8h（特殊情况下可延长2h，但每月延长的总时间不超过36h），每驾驶2h要停车检查一次车辆及货物情况，连续驾驶时间不得超过4h，每次停车休息时间不少于20min	检查GPS监控台账	统筹	—	组织	协办	主办	参加	—	—	—
38			运用动态监控措施加强对危险货物运输车辆行车管理	检查GPS监控台账	统筹	—	组织	协办	主办	参加	—	—	—
39	安全生产管理内容	安全生产操作规程	根据关键岗位的特点，分类制定安全生产操作规程，并监督员工严格执行，推行安全生产技术标准化	检查企业文件资料	统筹	组织	指导	主办	督查	落实	落实	落实	落实
40			制定货运驾驶人行车操作规程		统筹	组织	指导	主办	督查	落实	落实	落实	落实
41			制定车辆日常安全检查操作规程		统筹	协助	组织	协办	主办	落实	落实	落实	落实
42			制定车辆动态监控操作规程		统筹	协助	组织	协办	主办	落实	—	—	—
43			制定危险货物装卸作业操作规程		统筹	组织	指导	主办	督查	落实	—	—	落实
44			危险货物道路运输企业或者单位对重复使用的危险货物包装物、容器，在重复使用前应当进行检查；发现存在安全隐患的，应当维修或者更换。危险货物道路运输企业或者单位应当对检查情况作出记录，记录的保存期限不得少于2年	检查企业隐患排查记录	统筹	组织	指导	主办	督查	落实	—	—	落实
45			罐式专用车辆的常压罐体应当符合国家标准	检查罐体文件资料	统筹	组织	指导	主办	督查	落实	—	—	—

续上表

序号	项目	具体内容	基本要求	主管部门监管方式	主要负责人	分管业务负责人	分管安全负责人	业务部门负责人	安全部门负责人	分支机构负责人(车队长)	驾驶人员	押运人员	装卸管理人员
46	安全生产管理内容	安全生产操作规程	危险货物道路运输企业或者单位应当到具有污染物处理能力的机构对常压罐体进行清洗(置换)作业,将废气、污水等污染物集中收集,消除污染,不得随意排放,污染环境	检查企业文件资料	统筹	组织	指导	主办	督查	落实	—	—	—
47		其他安全生产管理制度	建立安全生产基础档案制度,明确安全生产管理资料的归档、查阅。建立岗位责任制度,收集、整理与本单位危险货物运输、装卸有关的法律、法规、规章、国家标准、行业标准、政府规范性文件等	检查规章制度	统筹	—	组织	—	主办	—	—	—	—
48			建立安全生产奖惩制度		统筹	—	组织	—	主办	参加	参加	参加	参加
49			建立企业安全生产监督检查制度		统筹	—	组织	—	主办	参加	参加	参加	参加
50			依据相关标准规范,建立停车场地安全管理制度,包括车辆进、出场登记,视频监控,回场必检等制度,配备视频监控、警示标志以及相应的消防设施、安全防护、环境保护等设施设备		统筹	组织	指导	主办	督查	—	—	—	—
51			建立应急管理制度		统筹	—	组织	—	主办	—	—	—	—
52			建立安全生产宣传和教育制度		统筹	—	组织	落实	主办	落实	落实	落实	落实
53			建立安全评价制度		统筹	—	组织	—	主办	—	—	—	—
54			建立安全生产专项资金保障制度		统筹	—	组织	落实	主办	—	—	—	—
55			建立本企业安全生产管理所需要的其他制度		统筹	—	组织	—	主办	参加	参加	参加	参加

续上表

序号	工作任务		基本要求	主管部门监管方式	职责分工						
	项目	具体内容			主要负责人	分管业务负责人	分管安全负责人	业务部门负责人	安全部门负责人	分支机构负责人（车队长）	驾驶人员	押运人员	装卸管理人员
56	安全隐患排查治理	安全排查制度建设	建立安全隐患排查治理制度	检查制度文件	统筹	组织	指导	主办	参加	参加	参加
57		安全隐患排查工作	根据安全生产的需要和特点，结合季节性检查、节假日检查、日常检查，采用综合检查、专业检查等方式进行隐患排查	检查安全隐患排查记录	统筹	组织	指导	主办	督查	参加	参加	参加
58		落实隐患整改工作	对排查出的安全隐患进行登记和治理，落实整改措施、责任、资金、时限和预案，及时消除事故隐患		统筹	组织	指导	主办	督查	—	—	—
59		建立安全隐患排查治理档案	档案应包括以下内容：隐患排查治理日期；隐患排查的具体部位或场所；发现事故隐患的数量、类别和具体情况；事故隐患治理意见；参加隐患排查治理的人员及其签字；事故隐患治理情况、复查情况、复查时间、复查人员及其签字		统筹	组织	指导	主办	督查	参加	参加	参加
60		隐患排查机制建设	每季、每年对本单位事故隐患排查治理情况进行统计，分析隐患形成的原因、特点及规律，建立事故隐患排查治理长效机制		统筹	组织	指导	主办	督查	参加	落实	落实	落实
61		配合执法检查工作	积极配合有关部门的监督检查人员依法进行的安全隐患监督检查，不得拒绝和阻挠		统筹	—	组织	—	主办	参加	参加	参加
62		制定年度安全生产目标	安全生产目标应至少包括道路交通责任事故起数、死亡人数、受伤人数、财产损失、万车公里事故起数、万车公里伤亡人数等指标	检查企业文件资料	统筹	协助	组织	协办	主办	落实	落实	落实

续上表

序号	项目	具体内容	基本要求	主管部门监管方式	主要负责人	分管业务负责人	分管安全负责人	业务部门负责人	安全部门负责人	分支机构负责人（车队长）	驾驶人员	押运人员	装卸管理人员
									职责分工				
63	目标考核	建立安全生产年度考核与奖惩制度	针对年度目标，对各部门、各岗位人员进行安全绩效考核，通报考核结果；根据安全生产年终考核结果，对安全生产相关部门、岗位工作人员给予一定的奖惩。对全年无事故、无交通违法记录的文明安全驾驶人予以表彰奖励	检查企业文件资料	统筹	协助	组织		协办	主办	落实	落实	落实
分数统计													

安全总体情况评估：【 】优秀(95 分以上)　　【 】良好(80～95 分)　　【 】合格(60～80 分)　　【 】较差(30～60 分)

【 】极差(30 分以下)。注："安全总体情况评估"中，"以上"含本数，"以下"不含本数。

受检单位（盖章）：		单位负责人（签名）：	

附录三 ×××供应链有限公司健康、安全与环境管理责任制

1 目的

为了确保公司健康、安全与环境管理体系的建立和有效运行,明确各级单位及人员职责,不断提高安全管理水平,实现健康、安全与环境管理体系的持续改进,制定本制度。

2 范围

本制度适用于×××物流有限公司所有单位及个人。

3 相关解释

健康、安全与环境责任制是健康、安全与环境管理体系建设的纲领性文件,用于明确公司组织机构职责,对能源物流有限公司的所有活动中与健康、安全与环境有关的部门和人员,明确其作用、职责和权限。

4 组织结构

4.1 组织结构

详见附件×××物流有限公司健康、安全与环境管理组织结构图。

4.2 基本原则

4.2.1 以"以人为本,风险预控,遵纪守法,安全运营,体系完备,执行到位,持续改进,和谐共生"为方针。

4.2.2 执行"一岗双责"制,公司各级领导、各部门、区域、分队不仅要完成本职范围内的业务工作,同时承担业务职责范围内的安全目标管理工作,按照"谁主管、谁负责"的原则履行安全职责,开展相关工作。

4.2.3 落实"党政同责"要求,董事长、党组织书记、总经理对本企业安全生产共同承担领导责任。

4.2.4 落实"属地管理",即:对属地内的管理对象(可以是工作区域、管理的实物资产和具体工作任务(项目),也可以是权限和责任范围)按健康安全与环境标准和要求进行组织、协调、领导和控制。

4.2.5 成立健康、安全、环境成产委员会,由总经理担任主任;各级健康、安全与环境管理组织机构的设置应坚持精干、高效、科学的原则,各部门/单位应配备专(兼)职安全员,满

足履行健康、安全与环境管理体系相应管理职责的需要。

4.2.6 健康、安全与环境管理体系职责分配应横向到部门,纵向到岗位,使纵、横向接口严密、畅通,不落空,不重叠,应坚持权利与责任对等,便于监督和考核的原则。

4.2.7 健康、安全与环境管理体系要保障全员参与,任何员工都应履行自身职责,均有义务向健康、安全与环境管理部门和安全监督管理部门报告重大危险隐患,向上级单位举报单位或个人不履行健康、安全与环境岗位责任制的情况。

5 各级人员健康、安全与环境管理职责

5.1 总经理健康、安全与环境职责

5.1.1 总经理是公司健康、安全与环境管理的第一责任人,承担健康、安全与环境的最终责任。认真贯彻执行国家健康、安全与环境各项法律、法规,执行上级健康、安全与环境文件,签发健康、安全和环保工作的重大决定。

5.1.2 建立、健全本单位安全生产责任制,完善组织机构,确保各部门的职责、权限及相互关系得到明确和有效沟通;定期听取安全管理部门工作汇报,掌握安全动态,及时研究解决重大问题。

5.1.3 组织制定并审定公司内安全规章制度和重大安全技术措施,保证安全投入的有效实施。

5.1.4 组织制定健康、安全与环境管理体系承诺、方针和目标,并批准发布实施。督促落实安全管理目标,逐级签订安全责任状。

5.1.5 建立、实施和保持有效的管理体系以实现目标;保证管理体系所需的各类资源。

5.1.6 组织并参加健康、安全与环境工作会议,督促分管安全工作的负责人及其他业务负责人抓好安全管理工作。定期主持召开健康、安全与环境管理体系评审会议,对体系运行情况进行评审,对体系运行中存在的问题制定相应的整改措施。

5.1.7 组织制订并实施本单位安全生产教育和培训计划,主持并参加公司安全培训。

5.1.8 组织制定重大事故预防措施和应急处理预案。发生重大事故时,应及时组织指挥救援。组织调查、分析、处理事故,拟定改进措施并组织实施,落实安全责任追究制度。

5.1.9 组织安全生产检查,督促隐患排查与治理,落实安全考核与奖惩。

5.1.10 任命授权健康、安全与环境管理体系管理者代表。

5.2 主管安全副总(管理者代表)健康、安全与环境职责

5.2.1 主管安全副总(管理者代表)是安全生产的重要负责人,承担确保公司 HSE 管理体系及安全生产标准化的建立、运行和实施,实现体系持续有效运行,并在公司内所有岗位和运行范围推行各项要求。

5.2.2 组织实施公司中长期安全工作规划及年度安全工作计划;向总经理报告 HSE 管理体系的业绩并提出改进建议。

5.2.3 组织对各级部门健康安全与环境目标、指标的完成情况进行监视、测量,对存在

的问题及时纠偏。

5.2.4 组织对与公司活动、产品和服务中危害因素和环境因素进行辨识、评价,并落实控制措施。

5.2.5 组织对健康安全与环境管理体系相关文件进行修订、完善。

5.2.6 组织制订年度健康安全与环境培训计划并落实。

5.2.7 定期组织召开 HSE 工作会议,及时总结推广先进经验,协调解决安全工作中存在的问题。

5.2.8 定期组织有关部门进行 HSE 检查,督促责任单位对事故隐患进行整改,防止重大事故的发生。

5.2.9 策划和领导公司内部审核的各项活动,对公司 HSE 管理体系运行的有效性和符合性负责。

5.2.10 组织制定应急响应预案,建立应急响应体系,发生事故做好应急响应,并组织进行调查,分析事故原因,做好事故预防。

5.2.11 强化健康、安全与环境意识,在全公司范围内营造良好的健康、安全与环境氛围。

5.2.12 协助总经理组织召开管理评审会议,负责在公司不同的层次和职能之间,就 HSE 管理体系的过程及其有效性进行沟通。

5.2.13 组织对公司 HSE 管理体系的重大事项进行决策。

5.2.14 全权代表公司负责就 HSE 管理体系有关事宜的外部联络。

5.3 副总经理/总经理助理健康、安全与环境职责

5.3.1 协助总经理、管理者代表完成公司健康、安全与环境管理体系的建立、运行和实施。定期对所辖区域进行健康、安全与环境检查,制定事故隐患的整治、防范措施,督促检查隐患治理和防范措施落实工作。

5.3.2 监督领导承诺的健康安全环境方针和目标的实现情况。

5.3.3 在各自分管模块内,对健康、安全与环境管理体系的重大事项进行决策。

5.3.4 结合各自分管模块,对健康、安全与环境管理体系的持续改进提出合理化建议;监督分管范围内人员的安全教育,组织参加各种安全活动,关心员工职业健康。

5.3.5 搭建各部门负责人协商和沟通的平台,以便体系的有效运行与持续改进。

5.3.6 督促下属部门履行健康、安全与环境职责。

5.4 设备总监健康、安全与环境职责

5.4.1 为公司设备管理提供技术支持。

5.4.2 监视公司设备运行情况,确保设备完好。

5.4.3 对设备进行技术改造,确保设备本质安全。

5.5 各职能部门主任健康、安全与环境职责

5.5.1 落实部门各项健康、安全与环境职责,全面统筹部门健康、安全与环境管理

工作。

  5.5.2　结合部门健康、安全与环境职责制定相应文件要求并监督其在公司各级的运行情况,保证体系在公司的顺利开展。

  5.5.3　传达落实安全管理部门部署的各项任务,为领导决策提供支持。

  5.5.4　定期组织召开部门健康、安全与环境会议,对体系运行情况进行总结分析;不定期地进行健康、安全与环境工作检查,对存在问题及时提出整改意见并督促整改。

5.6　区域经理健康、安全与环境职责

  5.6.1　对区域安全负全面责任。贯彻、执行公司对安全运输、运营的规定和要求,做好健康、安全与环境工作的全年计划并督促各分队落实,对本单位员工的安全负责。

  5.6.2　组织制定相关制度和行为规范,严格要求单位人员执行有关运输安全、劳动保护、环境保护和消防保卫的标准和规定。

  5.6.3　对安全投入制订相应计划,并督促其合理实施。

  5.6.4　定期开展员工安全教育培训,每月组织学习危货运输、燃气专业知识等,改善作业环境,关心员工职业健康,保持与驾驶人员及其家属的沟通,保障健康、安全与环境管理体系的有效运行。

  5.6.5　每月组织安全检查,针对车辆设备、道路状况、本单位场站环境、管理人员和驾驶人员操作行为进行检查,对隐患及时督促整改并报告公司安全管理部;每月组织专门的事故案例分析,每周组织召开健康、安全与环境会议对本单位安全运营形势进行分析,制定相关改进和预防措施。

  5.6.6　组织重点要害部位抢险预案的编制工作,定期开展应急救援预案的演练。

  5.6.7　发生事故立即组织抢救、保护好现场并及时上报;协助调查组做好事故调查、分析,落实防范措施;落实对违章、违纪行为的处罚及责任追究和对其他人员的事故教育工作。

  5.6.8　当工作与安全发生矛盾时,坚持工作必须服从安全的原则,杜绝违章冒险操作和冒险指挥的行为发生。

  5.6.9　执行健康、安全与环境管理体系的具体要求,在体系运行中自我总结,提出合理化建议并上报;负责对新出现有关健康、安全与环境的因素进行收集整理,及时上报。

5.7　分队长负责人健康、安全与环境职责

  5.7.1　队长是分队安全管理的直接责任人,对分队安全负全面责任。贯彻、执行公司对安全运营的规定和要求,做好健康、安全与环境工作的全年计划并督促落实,对本单位员工的安全负责。

  5.7.2　严格要求单位人员执行有关运营安全、劳动保护、环境保护和消防保卫的标准和规定。

  5.7.3　对安全投入制订相应计划,并督促其合理实施。

  5.7.4　定期开展员工安全教育培训,每月组织学习危货运输、燃气专业知识等,改善作业环境,关心员工职业健康,保持与驾驶人员及其家属的沟通,保障健康、安全与环境管理体

系的有效运行。

5.7.5 在每次布置或分派工作任务的同时,必须提出安全注意事项和要求,杜绝疲劳驾驶、超速驾驶和酒后驾驶等违章现象的发生。

5.7.6 每月组织健康、安全与环境检查,针对车辆设备、道路状况、管理人员和驾驶人员操作行为进行检查,对隐患及时督促整改并报告公司安全管理部;每月组织专门的事故案例分析,每周组织召开健康、安全与环境会议对单位安全运营形势进行分析,制定相关预防措施。

5.7.7 组织单位重点要害部位抢险预案的编制工作,定期开展应急救援预案的演练。

5.7.8 发生事故立即组织抢救、保护好现场并及时上报;协助调查组做好事故调查、分析,落实防范措施;落实违章、违纪行为的处罚及责任追究和对其他人员的教育工作。

5.7.9 当工作与安全发生矛盾时,坚持工作必须服从安全的原则,杜绝违章冒险操作和冒险指挥的行为发生。

5.7.10 执行健康、安全与环境管理体系的具体要求,在体系运行中自我总结,提出合理化建议并上报;负责对新出现有关健康、安全与环境的因素进行收集整理,及时上报。

5.7.11 对相关方提出健康、安全与环境要求,使相关方工作符合公司健康、安全与环境体系运行标准;督促做好各类污染物的回收处理。

5.8 公司专职安全员健康、安全与环境职责

5.8.1 执行上级健康、安全与环境管理决定,落实目标管理,对分队提供服务支持,确保目标责任的有效落地。

5.8.2 执行有关安全、劳动保护、环境保护和消防安全标准和规定,监督安全投入的实施,将安全环境健康要求执行到每一项工作中去,保障健康、安全与环境管理体系的有效运行。

5.8.3 针对车辆、道路状况和驾驶人员操作行为进行安全检查,并督导落实隐患问题的整改;严格执行出车、收车时的安全检查工作;监督驾驶人员行驶途中对车辆安全检查的执行情况,并做好详细记录。

5.8.4 依照规定做好车辆各级预防性维护的监督管理工作,确保车辆在安全状态下运行,对车况安全负责。

5.8.5 对车辆的安全附件及时进行检查、校验,对分队在安全附件的管理工作实施监督检查,保证车辆设备的完整性。

5.8.6 按要求组织召开出车前安全会议和公司要求的各种安全会议;及时根据运营管理部新增路线信息进行培训教育,使驾驶人员在出车前掌握路况信息,监督分队会议、培训工作的开展。

5.8.7 积极开展健康、安全与环境教育培训和宣传活动,制订健康、安全与环境宣传教育活动计划并跟踪落实。

5.8.8 确保特种作业人员持证上岗,加强员工劳动保护教育,督促和教育员工使用劳

动保护用品，正确使用消防设施和防护器材。

5.8.9 发生事故立即组织抢救、保护好现场并及时上报；协助调查组做好事故调查、分析，落实防范措施。

5.8.10 监督健康、安全与环境管理体系在公司的运行情况，对不符合情况进行纠正和预防，以保证体系的正常运行。

5.8.11 负责组织配合管理体系在本单位的内部审核和年审。

5.8.12 做好体系要求的各项记录，提供体系运行证据。

5.8.13 主动学习安全管理先进知识和经验。

5.9 公司兼职安全员健康、安全与环境职责

5.9.1 执行上级健康、安全与环境管理决定，落实目标管理，针对健康、安全与环境工作中的问题，提出合理化建议。

5.9.2 严格执行出车、收车时的安全检查工作；监督驾驶人员行驶途中对车辆安全检查的执行情况；结合实际情况，对车辆、道路状况和驾驶人员操作行为进行安全检查，并落实隐患问题的整改。

5.9.3 依照规定做好车辆各级预防性维护的监督管理工作，确保车辆在安全状态下运行，对车况安全负责；对每一次维护修理后的车辆，要与维护修理人员一同确认车况，采取有效的鉴定措施，确认车况安全良好，才可交付使用。

5.9.4 对车辆的安全附件及时进行检查、校验，保证车辆设备的完整性。

5.9.5 按要求组织召开出车前安全会议和公司要求的各种安全会议；及时根据运营管理部新增路线信息进行培训教育，使驾驶人员在出车前掌握路况信息。

5.9.6 发生事故立即组织抢救、保护好现场，并及时上报；协助调查组做好事故调查、分析，落实防范措施。

5.9.7 监督健康、安全与环境管理体系在单位的运行情况，对不符合情况进行纠正和预防，以保证体系的正常运行。

5.9.8 负责组织配合管理体系在本单位的内部审核和年审。

5.9.9 做好体系要求的各项记录，提供体系运行证据。

5.9.10 主动学习安全管理先进知识和经验。

5.10 员工健康、安全与环境职责

5.10.1 对本岗位安全负直接责任。严格遵守公司各项规章制度，不违反劳动纪律，不违章作业。

5.10.2 上岗按规定着装，妥善保管和正确使用各种防护器具和消防器材；正确操作，精心维护设备，保持作业环境整洁。

5.10.3 发现异常情况及时处理和报告；正确分析、判断和处理各种事故隐患，把事故消灭在萌芽状态。

5.10.4 发生事故，要正确处理，及时、如实地向上级报告，并保护好现场，做好详细

记录。

5.10.5 主动接受各类健康、安全与环境教育和培训,积极参加各类安全活动,掌握本员工作所需的安全知识,提高安全技能,增强事故预防和应急处理能力。

5.10.6 有权了解其作业场所和工作岗位存在的危险因素、防范措施及事故应急措施,有权对本单位的安全工作提出建议;有权拒绝违章作业的指令,对他人违章作业加以劝阻和制止;有权对本单位安全工作中存在的问题提出批评、检举、控告。

5.11 党组织书记健康、安全和环境职责

5.11.1 认真贯彻执行国家健康、安全与环境各项法律、法规,执行上级健康、安全与环境文件,签发健康、安全和环保工作的重大决定。

5.11.2 参与建立、健全本单位安全生产责任制,完善组织机构,确保各部门的职责、权限及相互关系得到明确和有效沟通;定期听取安全管理部门工作汇报,掌握安全动态,及时研究解决重大问题。

5.11.3 参与组织制定并审定公司内安全规章制度和重大安全技术措施,保证安全投入的有效实施。

5.11.4 参与组织制定健康、安全与环境管理体系承诺、方针和目标,并批准发布实施。定期组织安全生产检查,主持并参加公司安全培训,落实安全考核与奖惩。

5.11.5 参加健康、安全与环境工作会议,督促分管安全工作的负责人及其他业务负责人抓好安全管理工作。

5.11.6 参与组织制定重大事故预防措施和应急处理预案。发生重大事故时,应及时组织指挥救援。组织调查、分析、处理事故,拟定改进措施并组织实施,落实安全责任追究制度。

5.11.7 参与健康、安全与环境管理体系评审会议,对体系运行情况进行评审,对体系运行中存在的问题制定相应的整改措施。

6 各部门健康、安全与环境管理职责

6.1 安全管理部健康、安全与环境职责

6.1.1 安全管理部作为公司独立的专职安全管理机构,全面负责公司 HSE 管理工作。贯彻实施国家相关规定,执行上级 HSE 决策,针对安全运营中存在的问题,提出解决方案,为领导决策提供参考。

6.1.2 对适用的法律法规和其他要求进行搜集,对适用条款进行整理宣贯,定期进行合规性评价。

6.1.3 对公司 HSE 管理目标和指标进行分解,制订年度工作计划并落实,对体系运行中的变更进行管理;监督各单位 HSE 责任制、HSE 目标指标的落实情况,并在每月中给予相应考核。

6.1.4 组织或者参与拟订本单位安全生产规章制度、操作规程和生产安全事故应急救

援预案等 HSE 管理体系文件,规范统一 HSE 受控记录,进行文件受控管理,保障管理体系的有效运行。

6.1.5 对安全投入制订相应计划,并督促其合理实施。

6.1.6 督促各单位危害辨识、评价与控制的管理,收集危害因素清单,督促落实本单位重大危险源的安全管理措施。

6.1.7 制订 HSE 宣传、培训计划,针对各级人员进行培训,并如实记录安全生产教育和培训情况。指导和督促各单位进行 HSE 管理体系相关培训和考核,开展各种宣传教育活动。

6.1.8 监督体系在整个公司的运行情况,行使监督检查权力,对不符合进行纠正和预防,进行 HSE 绩效测量和监视,以保证体系的正常运行。

6.1.9 组织事故应急预案的编制工作,并组织或参与本单位应急救援预案的演练。

6.1.10 组织 HSE 检查,及时排查生产安全事故隐患,提出改进安全生产管理的建议;制止和纠正违章指挥、强令冒险作业、违反操作规程的行为;并督促落实本单位安全生产整改措施。

6.1.11 收集各方合理化建议,及时对体系进行改进;开展安全评比,传播安全先进经验,推动安全文化建设。

6.1.12 对相关方实施监督管理,及时督促各单位与相关方签订安全协议。

6.1.13 按事故管理权限,依照"四不放过"的原则进行对事故调查、处理和分析;定期召开 HSE 会议和事故案例分析会议,对安全信息汇总、分析、发布,对安全形势进行分析。

6.1.14 组织 HSE 管理体系内部审核,协调相关方进行外部审核。

6.1.15 组织进行管理评审准备工作。

6.1.16 负责对公司专(兼)职安全员实施考核。

6.1.17 督促落实本单位重大危险源的安全管理措施。

6.2 人力资源部健康、安全与环境职责

6.2.1 落实部门各项健康、安全与环境职责,结合职责制定相应文件要求,确保体系在部门的正常运行。

6.2.2 明确公司组织架构和职责,确定人员职责与权限,并形成文件;合理调配安全管理工作中的人力资源需求。

6.2.3 协助安全管理部进行健康安全环保相关知识的培训;做好新入职、转岗员工的岗前培训和考核,并形成记录。

6.2.4 对员工健康安全与环境能力进行评估。

6.2.5 执行公司文件要求,对违反规章制度人员进行处理。

6.2.6 执行健康、安全与环境相关要求,提出健康、安全与环境管理体系在本部门运行的合理化建议。

6.2.7 每季度至少组织一次部门内部健康、安全与环境检查,按要求对危险源进行排

查,消除隐患;定期开展本部门安全宣传教育,强化员工安全意识。

6.2.8 执行健康、安全与环境相关要求,提出健康、安全与环境管理体系在本部门运行的合理化建议。

6.3 财务部健康、安全与环境职责

6.3.1 落实部门各项健康、安全与环境职责,结合职责制定相应文件要求,确保体系在部门的正常运行。

6.3.2 为安全管理体系建立及运行提供资金保障,监督劳动保护费用的使用情况。

6.3.3 负责审核公司年度运用计划和安全费用预算;负责审核各类事故的处理费用支出,纳入公司经济活动分析汇总。

6.3.4 每季度至少组织一次部门内部健康、安全与环境检查,按要求对危险源进行排查,消除隐患;定期开展本部门安全宣传教育,强化员工安全意识。

6.3.5 执行健康、安全与环境相关要求,提出健康、安全与环境管理体系在本部门运行的合理化建议。

6.4 战略绩效部健康、安全与环境职责

6.4.1 落实部门各项健康、安全与环境职责,结合职责制定相应文件要求,确保体系在部门的正常运行。

6.4.2 为安全管理战略制定提供服务支持,对各单位绩效目标进行测量、考核。

6.4.3 为安全管理 GPS 网络提供技术支持与服务。

6.4.4 每季度至少组织一次部门内部健康、安全与环境检查,按要求对危险源进行排查,消除隐患;定期开展本部门安全宣传教育,强化员工安全意识。

6.4.5 执行健康、安全与环境相关要求,提出健康、安全与环境管理体系在本部门运行的合理化建议。

6.5 总经办健康、安全与环境职责

6.5.1 落实部门各项健康、安全与环境职责,结合职责制定相应文件要求,确保体系在部门的正常运行。

6.5.2 负责公司相关社区和公共关系的维护。

6.5.3 负责劳动防护用品的发放管理,改善员工工作环境,确保员工在工作中的安全与健康。

6.5.4 协助安全管理部做好安全文化建设工作。

6.5.5 每季度至少组织一次部门内部健康、安全与环境检查,按要求对危险源进行排查,消除隐患;定期开展本部门安全宣传教育,强化员工安全意识。

6.5.6 执行健康、安全与环境相关要求,提出健康、安全与环境管理体系在本部门运行的合理化建议。

6.6 运营管理部健康、安全与环境职责

6.6.1 落实部门各项健康、安全与环境职责,结合职责制定相应文件要求,确保体系在

部门的正常运行。

6.6.2 负责公司运营安全的管理工作,将健康、安全与环境管理体系与运输业务运营模式、流程及制度相结合及其优化。

6.6.3 针对各条运营路线督促分队做好路线考察,出具相关资料,并督促分队及时进行学习。

6.6.4 结合道路情况、天气状况,不定期对所辖区域内车辆的状况和驾驶人员的操作行为进行检查。

6.6.5 协助各分队开展应急救援预案的演练,定期组织健康、安全与环境检查,并督导落实隐患问题的整改;协助做好事故的调查和处理。

6.6.6 就职责范围内工作开展情况进行检查,对存在的问题及时督促整改;定期开展本部门安全宣传教育,强化员工安全意识。

6.6.7 执行健康、安全与环境相关要求,提出健康、安全与环境管理体系在本部门运行的合理化建议。

6.7 驾驶人员管理部健康、安全与环境职责

6.7.1 落实部门各项健康、安全与环境职责,结合职责制定相应文件要求,确保体系在部门的正常运行。

6.7.2 负责驾驶人员的招聘、培训、试用管理,确保驾驶人员合格上岗。

6.7.3 合理调配驾驶人员,杜绝疲劳;及时掌握驾驶人员思想动态,对存在问题人员做好沟通,确保运营安全。

6.7.4 就职责范围内工作开展情况进行检查,对存在的问题及时督促整改;定期开展本部门安全宣传教育,强化员工安全意识。

6.7.5 执行健康、安全与环境相关要求,提出健康、安全与环境管理体系在本部门运行的合理化建议。

6.8 车辆设备管理部健康、安全与环境职责

6.8.1 落实部门各项 HSE 职责,结合职责制定相应文件要求,确保体系在部门的正常运行。

6.8.2 负责运输设备证件的管理工作,负责车辆手续办理,确保车辆运营的合规性。

6.8.3 对车辆的维修进行管理,监督各单位对车辆维修工作的开展,确保车辆牵引及行走部分的完整性,保证车辆安全运营。

6.8.4 负责车辆保险业务的开展,参与事故调查和原因分析。

6.8.5 监督各分队对维修所产生的各种污染物回收和处理工作。

6.8.6 就职责范围内工作开展情况进行检查,对存在的问题及时督促整改;定期开展本部门安全宣传教育,强化员工安全意识。

6.8.7 执行 HSE 相关要求,提出 HSE 管理体系在本部门运行的合理化建议。

6.8.8 负责运输设备的证件档案的管理工作,负责罐体设备手续办理、罐体检验,确保

罐体设备运营合规性。

6.8.9 负责对罐体设备的维修进行管理,监督各单位维修工作的开展,确保罐体设备的完整性,保证安全运营。

6.8.10 对罐体安全附件的检查及校验工作。

6.9 工会健康安全与环境职责

6.9.1 落实部门各项健康、安全与环境职责,结合职责制定相应文件要求,确保体系在部门的正常运行。

6.9.2 工会依法对安全生产工作进行监督。

6.9.3 依法组织职工参加本单位安全生产工作的民主管理和民主监督,维护职工在安全生产方面的合法权益。

6.9.4 参与生产经营单位有关安全生产的规章制度的制定或者修改。

6.9.5 工会依法参加事故调查,向有关部门提出处理意见,并要求追究有关人员的责任。

6.10 区域健康、安全与环境职责

6.10.1 全面负责区域健康、安全与环境管理工作。贯彻实施国家相关规定,执行上级健康、安全与环境决策,针对安全运营中存在的问题,提出解决方案,为领导决策提供参考。

6.10.2 对区域健康、安全与环境管理目标和指标进行分解,制订年度工作计划及培训计划并落实;监督所属各分队健康、安全与环境责任制、健康、安全与环境目标指标的落实情况。

6.10.3 对区域安全投入制订相应计划,并督促其合理实施。

6.10.4 督促区域做好危害辨识、评价与控制,及时对危害因素及控制措施进行传达。

6.10.5 定期开展应急预案的演练和评审;组织健康、安全与环境检查,并督导落实隐患问题的整改;开展安全评比,传播安全先进经验,推动安全文化建设。

6.10.6 定期召开健康、安全与环境会议和事故案例分析会议,对安全信息汇总、分析、发布,对安全形势进行分析。

6.10.7 对相关方实施监督管理,及时与相关方签订安全协议。

6.10.8 按事故管理权限,依照"四不放过"的原则进行对事故调查、处理和分析。

6.11 分队健康、安全与环境职责

6.11.1 贯彻、执行公司对安全运输、运营的规定和要求,组织学习危货运输、燃气专业知识,全面负责本车队、场站的安全生产。

6.11.2 组织制定相关生产制度、生产行为规范等,开展员工安全教育培训,特种作业人员持证上岗,保障健康、安全与环境管理体系的有效运行。

6.11.3 组织公司重点要害部位抢险预案的编制工作,定期开展应急救援预案的演练和启动。

6.11.4 执行健康、安全与环境管理体系的具体要求,在体系运行中自我总结,提出合

理化建议并上报;负责对新出现有关健康、安全与环境的因素进行收集整理,及时上报。

6.11.5 定期组织安全检查,发现隐患立即整改并报告公司安全管理部;发生事故立即上报,并组织抢救、保护好现场,做好详细记录;协助事故调查、分析,落实防范措施。

6.11.6 做好危货运输车辆、压力容器、安全附件、消防设施、防爆工具的检查工作,使其保持完好和正常运行;督促和教育员工正确使用防护用品和消防设施。

6.11.7 负责定期组织安全活动,总结安全生产先进经验。

6.11.8 制订年度安全培训计划,并组织员工进行日常培训并评估。

6.11.9 做好体系要求的各项记录,提供体系运行证据。

7 健康、安全与环境责任考核

7.1 公司健康、安全与环境管理实行目标管理责任考核,能源物流有限公司总经理与各部门、区域签订《健康、安全与环境目标责任书》,部门、区域负责人与员工签订《健康、安全与环境目标责任书》。

7.2 公司安全管理部、战略绩效部负责《健康、安全与环境目标责任书》考核,对各单位的健康、安全与环境管理工作开展情况进行经常性的监督检查,并对照部门的健康、安全与环境目标责任书进行检查、评定,并提出考核意见。

7.3 年度《健康、安全与环境目标责任书》考核结果优秀的部门和个人,以公司名义进行通报表彰,并予以奖励;考核不合格的,进行通报批评。具体执行《×××物流有限公司安全考核与奖惩管理制度》规定。

附录四　振华物流集团安全生产分级责任制

第一章　总　则

第一条　为贯彻落实"安全第一,预防为主,综合治理"的方针,建立健全集团安全生产管理体系,明确各级领导、各职能部门、各级管理人员、各工作岗位员工的安全生产职责,结合集团实际,制定本责任制。

第二条　本责任制适用于振华物流集团及下属各单位,合资公司参照执行。

第三条　安全生产责任制是根据"安全第一,预防为主,综合治理"的安全生产方针和安全生产法规建立的各级领导、职能部门、工程技术人员、岗位操作人员在经营管理和劳动生产过程中对安全生产层层负责的制度。

集团安全生产工作坚持"谁主管,谁负责""管生产必须管安全""一岗双责"和"各级人员对本岗位的安全工作负责"的分级管理原则。

第四条　各单位应根据本单位生产特点制定本单位安全生产责任制,做到职权分明,责任到人。

第二章　集团领导安全生产主要职责

第五条　集团总裁安全生产主要工作职责:

(一)对集团安全工作负全面领导责任,不断推进集体安全生产工作稳步发展。

(二)贯彻执行国家关于安全生产的方针、政策、法律、法规及上级主管部门的指示精神。

(三)审定集团安全生产方针目标、控制指标和年度安全生产规划。

(四)明确集团领导班子成员的安全工作分工及职责,并监督其落实情况。

(五)审批并签发集团安全生产规章制度和操作规程。

(六)主持召开集团安全生产委员会会议,分析安全生产形势,决策安全生产重大事宜。

(七)保证各单位安全生产投入的有效实施。

(八)审定集团生产安全事故应急救援预案,并定期组织演练。

(九)负责集团重大生产安全责任事故的调查、按"四不放过"的原则严肃处理,并对所发生的伤亡事故调查、登记、统计和报告的正确性、及时性负责。

(十)组织有关部门对员工进行安全技术培训和考核。组织开展安全生产竞赛、评比活动,对安全生产的先进集体和先进个人予以表彰和奖励,对重大安全隐患和事故责任人进行处罚。

第六条　集团党委书记安全生产主要工作职责:

(一)根据党和国家关于安全生产的方针政策,结合集团实际,提出党委加强安全生产的措施与要求,并督促检查落实。

(二)做好党员干部安全生产意识的宣传教育,并督促各级党委做好对党员安全生产意识和遵章守纪的教育,充分发挥党员在安全生产工作中的模范带头作用。

(三)参与对重大生产安全责任事故相关责任人员的处理工作。

第七条 集团工会主席安全生产主要工作职责:

(一)贯彻国家关于安全生产的方针、政策,结合集团生产实际,提出工会系统开展职业健康安全管理工作计划、要求,并督促检查落实。

(二)组织各级工会组织积极开展职业健康安全宣传、检查活动,及时听取员工对安全生产方面的要求与意见,保障员工的合法权益。

(三)针对集团职业健康安全现状,提出改进措施。

(四)根据集团生产实际,组织开展形式多样的安全生产活动,丰富员工的业余生活,提高安全生产防范意识。

(五)参与重大生产安全责任事故的调查、处理。

第八条 分管安全工作副总裁主要工作职责:

(一)对集团的安全生产工作负具体领导责任。

(二)组织集团年度安全生产规划、安全生产规章制度的制定和操作规程的审定。

(三)贯彻落实国家关于安全生产的方针、政策、法令、法规,负责监督检查集团安全生产责任制的落实。

(四)分析集团安全生产形势,组织制定安全生产控制指标和管理目标。

(五)结合集团生产实际,不断完善安全生产管理制度和安全生产目标责任书,使其更贴近安全运营实际,更具有操作性。

(六)督促、检查安全管理机构和专(兼)职安全员工作,及时消除安全隐患,对重大隐患及时向总裁汇报。

(七)负责组织各项安全检查和专项检查,预防和减少各类生产安全事故的发生。

(八)组织进行重大生产安全责任事故案例分析,查找事故原因,提出相应预防措施。

(九)参与重大生产安全责任事故的调查处理,并对相关责任人提出处理意见。

第九条 分管其他业务副总裁安全生产主要工作职责:

(一)对本单位业务承揽、生产管理、后勤管理等安全工作负直接领导责任,并协助公司总裁对分管范围的安全生产工作负责。

(二)依照"谁主管,谁负责"的原则,对所分管单位的安全生产负直接管理责任。

(三)在分管工作中认真贯彻国家关于安全生产法律、法规和集团安全生产规章制度,并督促检查落实。

(四)组织分管单位开展全员安全生产教育,加强安全生产防范意识,及时解决业务范围内存在的有关安全生产问题,制定相应预防措施。

(五)参与分管工作范围内发生的重大生产安全责任事故的调查、处理。

第十条 集团业务总监安全生产主要工作职责:

(一)在制定集团业务发展规划,以及对外承揽业务时,坚持贯彻国家有关安全生产的方针政策。

(二)在业务执行过程中,要考充分考虑安全生产方面的需要,保持集团处于安全状态。

(三)承揽新业务时须充分考虑其安全性,对项目的安全指标进行合理分析。不承揽集团资质之外的业务。

第十一条 集团总工程师安全生产主要工作职责:

(一)对集团的安全生产管理负技术领导责任。定期主持召开技术管理人员会议,分析集团安全生产形势,研究解决安全技术问题,负责组织制定安全技术规程。

(二)在组织制定集团技术发展规划,以及审核施工、设计、节能减排、环保等技术方案时,坚持贯彻国家有关安全生产的政策、法律、法规以及相关的安全技术规范与标准。

(三)在采用新技术、新工艺、新材料时,研究和采用安全防护措施;新建工程项目,要做到安全措施与主体工程同时设计、同时施工、同时验收、同时投入使用;组织有关部门研究解决生产过程中出现的安全技术问题。

(四)负责对集团实施的重大项目进行安全技术方案的审查。

(五)参与重大生产安全责任事故的调查处理,分析安全技术方面原因,并提出改进的技术措施。

第十二条 集团总会计师安全生产主要工作职责:

(一)贯彻国家关于安全生产的方针政策,组织制定集团安全生产资金投入保障办法并监督落实。

(二)负责审核集团用于改善安全生产作业环境,提高设备安全性能的资金计划。

(三)按照审定的计划,保证安全生产技术措施所需资金的投入,防止挪用专项安全生产措施费用。

第三章 集团各职能部门安全生产职责

第十三条 各部门基本安全生产职责:

(一)各部门负责人是本部门安全生产第一责任人,在本部门实际工作中应牢固树立安全生产意识,认真贯彻国家关于安全生产的方针、政策、法律、法规。

(二)按本责任制的规定,制定本部门安全生产责任制细则,并责任到岗,落实到人。

第十四条 安全监督部安全生产的主要职责:

(一)认真贯彻执行国家安全生产方针政策、法律法规。根据集团实际不断完善安全生产管理体系,起草集团安全生产管理制度。

(二)负责集团安全生产的日常管理。

(三)负责提出集团安全生产工作的控制指标和管理目标,并组织贯彻落实。负责对各单位年度安全生产完成情况进行考核。

（四）负责建立和完善集团事故预警、应急救援体系建设。指导集团各单位安全管理体系运行，收集有关信息反馈，做到持续改进。

（五）定期开展安全生产检查，对各单位存在的安全问题下达隐患整改通知书，并监督落实。

（六）加强集团安全生产宣传、教育、培训工作。根据生产实际和需要组织开展形式多样的安全活动，营造安全生产氛围，提升集团安全文化。

（七）负责集团安全生产事故统计、报告，及时提出统计分析报告，掌握集团整体安全生产动态。及时通报各单位安全生产形势和重大事故情况。

（八）做好风险辨识工作，加强对重大危险源的监控，不断改进技防、安防措施。组织集团应急预案的编制，保证其实施的可行性和有效性，定期组织演练。

（九）加强特种设备、人员的安全管理。配合技术部门，对特种设备的选型、使用、维护、修理进行监管。监督特种设备管理人员、作业人员持证上岗工作。不断提升集团特种设备安全管理水平。

（十）负责集团安全生产专项资金的管理，确保安全生产专项资金合理有效使用。

（十一）组织实施集团安全生产先进集体和先进个人的表彰。

（十二）对集团发生的重大生产安全责任事故及时报告上级主管部门及有关领导，并组织好事故的调查处理，对事故责任人提出处理意见。

第十五条 综合办公室安全生产的主要职责：

（一）坚持"安全第一，预防为主，综合治理"的安全生产方针，认真贯彻执行国家关于安全生产的各项法律、法规。

（二）及时组织学习、传达国家有关安全生产方面的相关要求。

（三）审核各部门上报的安全生产文件，并及时下发集团各单位。

（四）保持与各部门的紧密联系，为集团生产创造安全保障。

第十六条 经营管理部安全生产的主要职责：

（一）贯彻落实国家有关安全生产的方针政策，在执行集团发展规划和战略目标时要制定相应安全保障措施。

（二）根据本部门业务范围，制定相应的安全生产管理制度。

（三）组织和参与本部门发生的重大生产安全责任事故的调查、处理工作。

第十七条 财务管理部安全生产的主要职责：

（一）贯彻国家关于安全生产的方针政策，编制集团安全生产资金投入保障办法。

（二）按照有关规定计提安全生产管理费用，保障安全生产资金的投入。

（三）保证各项安全资金足额到位，确保专款专用。

第十八条 审计监察部安全生产的主要职责：

（一）贯彻国家关于安全生产的方针政策，认真履行审计监察职责，为集团的安全生产工作提供有力保障。

（二）对集团公司经财务核算后的安全生产经费使用情况进行审查。

（三）审查用于改善安全生产作业环境，提高设备安全性能的资金计划。

第十九条 预算考核部安全生产的主要职责：

（一）贯彻国家有关安全生产的方针政策，组织、协调集团公司的统计工作，按时完成各项统计调查任务。

（二）负责集团生产经营中安全生产情况的统计分析和监控。

（三）负责监督集团在制订预算计划时，要有安全生产方面的预算内容。

（四）会同集团安全生产监督部门对集团各单位主要责任人安全生产年度计划完成情况进行考核。

第二十条 人力资源部安全生产的主要职责：

（一）贯彻国家有关安全生产的方针政策，落实集团各单位安全生产监督管理机构的设置和安全生产管理人员的配备。

（二）认真按照国家劳动保护方针政策，结合集团实际制定员工劳动保护规章制度，并检查落实。

（三）合理安排劳动时间，做好员工劳逸结合及女员工的保护工作。

（四）制订员工安全生产培训计划，并组织具体落实。

（五）负责为员工办理工伤保险、伤亡鉴定及赔偿的具体事宜。

（六）参与重大生产安全责任事故的调查处理工作。

第二十一条 法律事务部安全生产的主要职责：

（一）贯彻落实国家有关安全生产的方针政策、法律、法规。

（二）负责集团有关安全生产方面的法律事务。

（三）参与重大生产安全责任事故的调查处理，为事故处理提供相关法律服务，维护公司和员工的合法权益。

第二十二条 信息技术部安全生产的主要职责：

（一）贯彻落实国家有关安全生产的方针政策，建立健全信息安全保障制度。

（二）负责制定信息技术安全责任制，并监督检查落实。

（三）负责维护和监管集团 IT 程序运行环境及运行状态，保证 IT 和管理程序等应用的正常运行，为生产安全提供技术保障。

第二十三条 设施设备管理部安全生产的主要职责：

（一）负责各类设备的管理，建立健全设施设备安全管理制度，加强设备的检查和定期维护，使之保持良好状态。

（二）负责对新购置设备安全性能的分析，保证设备安全可靠，并提出设备安全操作要点。

（三）负责监督检查用于生产过程中的机械设备的安全性能，保障其安全、有效运行。

(四)会同安全生产监督部门对各部门机械设备安全操作规程的执行情况进行检查,确保设施设备的正常运行。

(五)协同有关部门加强对员工的技术教育和考核。

(六)参与重大生产安全责任事故的调查处理,为事故处理提供设施设备的技术参考资料。

第四章 各单位负责人安全生产主要职责

第二十四条 集团所属各单位负责人安全生产主要职责:

(一)集团所属各单位负责人是本单位安全生产第一责任人,对本单位安全生产工作负总责。

(二)贯彻执行国家有关安全生产方针政策,落实集团安全生产责任制,负责本单位安全生产的日常管理工作。

(三)建立健全本单位安全生产责任制及安全生产规章制度,并监督检查落实。

(四)制定年度安全生产规划和保障措施,确保各项安全生产考核指标顺利完成。

(五)及时掌握安全生产动态,确保安全生产投入的有效实施。

(六)做好各项安全检查和专项检查,预防和减少各类生产安全事故的发生。

(七)组织进行重大生产安全责任事故案例分析,制定重大事故预警措施并进行预警演练。

(八)组织重大生产安全责任事故的调查处理,并及时、如实上报事故情况。

第五章 员工安全生产主要职责

第二十五条 员工安全生产主要职责:

(一)牢记"安全第一,预防为主,综合治理"的安全生产方针。树立"安全生产,人人有责"的安全生产意识。自觉接受公司组织的各类安全生产培训、教育,认真学习安全生产法律、法规和规章制度,积极参加安全生产活动,提高自我保护能力。

(二)遵章守纪,服从分配,坚守岗位,听从指挥,认真履行岗位职责,不违章操作、野蛮作业、不违反劳动纪律,特种作业人员要持证上岗。

(三)正确使用个人劳动防护用品、用具,维护安全设施和防护装置,爱护安全标志。

(四)发现安全隐患,应立即向上级领导报告,在确保自身安全的前提下,采取有效措施,消除隐患。

(五)发生事故后,应逐级上报,并积极抢救人员和财产,减少事故损失。

(六)积极向有关部门和领导提出安全生产合理化建议,有权越级反映有关安全生产中存在的隐患和问题。

(七)有权拒绝违章作业,有责任劝阻、纠正和制止他人违章作业、野蛮作业。

第六章 附 则

第二十六条 本责任制由集团安全质量监督部负责解释。

第二十七条 本责任制自发布之日起施行。

附录五 北京普莱克斯(运输部门)安全生产责任制

1 目的

为了贯彻执行国家安全生产方针、政策和法规,依据国家、北京市的有关安全生产、安全管理的法规、办法及有关规定,从上到下建立起严格的安全生产责任制,责任分明,各司其职,各负其责,从而避免或减少事故的发生。结合公司的实际情况,特制定本制度。

2 范围

本制度适用于公司全体人员。

3 职责

本制度以"安全发展"的指导原则和"安全第一、预防为主、综合治理、遵纪守法、以人为本、持续改进"的方针,以"管生产必须管安全(线安全管理)"为原则,积极主动地引导我公司的各项安全生产工作的顺利展开。

4 安全生产委员会责任制度

4.1 公司安全生产委员会(安全领导小组)职责

(1)安委会为企业安全生产的领导机构,设安全质量部为安委会执行机构,并设一名专职安全员,负责日常安全事务处理。

(2)安委会负责对企业的安全机构设置以及人员的配备,并对其进行审核。

(3)安委会负责对年度安全目标、计划、管理方案及重大安全事宜进行审议决裁。

(4)安委会负责对年度安全管理计划进行研究,明确安全管理指导方针、工作原则及相关的安全活动。

(5)依据制定的安全目标,每季度组织安全例会,组织学习国家安全生产法规,分析阶段安全生产形势,针对安全管理实际提出相应改善对策,促进相关制度的贯彻落实。

(6)安委会审议修订安全应急救援预案和应急演练方案。

(7)组织开展安全综合大检查,及时组织安全管理先进经验的交流和推广。及时贯彻上级安全生产安全文件精神和要求,认真开展各项安全主体活动,营造一个良好的企业安全氛围。

(8)企业出现事关安全的重大事宜,安委会应立即召开会议进行研究协商,并确保决策高效、迅速、顺利实施。

（9）监督、检查安委会成员的责任落实情况，确保机构正常运营。

4.2 安全生产委员会（安全领导小组）

组长：总经理

副组长：副总经理

成员：各部门经理

日常工作由安全质量部负责。

4.3 管理部门的设置

根据本公司生产规模设置以下部门：安全质量部、机组运行部、包装气运行部、配送部、客户服务部、采购部、液体销售部、包装气销售部、市场应用部、人力资源部、公司办公室和财务部。

5 各部门、各级人员安全生产安全责任

5.1 主要负责人责任制度

（1）北京普莱克斯实用气体有限公司的总经理是本企业安全生产的主要负责人、第一责任人，对企业的安全生产工作全面负责。

（2）认真贯彻执行国家和上级关于安全生产的方针、政策、法律、法规、规章规定的其他安全生产职责。

（3）建立、健全本单位安全生产责任制。亲自带头自觉执行，并经常或定期检查安全责任制的执行情况，奖优罚劣。

（4）组织制定本单位安全生产规章制度和操作规程。

（5）保证本单位安全生产投入的有效实施。

（6）督促、检查本单位的安全生产工作，及时消除生产安全事故隐患。

（7）组织制定并实施本单位的生产安全事故应急救援预案。一旦发生重大事故要必须按照制定的救援预案进行抢救，组织撤离并报告安全监督管理部门。

（8）及时、如实报告生产安全事故。并按照"四不放过"原则组织各类重大事故的调查处理和整改工作。

（9）亲自主持并批准全厂安全生产规划、计划，确定全厂的安全生产目标。

（10）亲自主持并批准重大安全技术措施和隐患治理计划，确保安全生产资金的投入，不断改善劳动条件。

（11）每月至少召开一次安全工作会议，研究布置、解决有关安全的重大问题，并组织实施有关安全方面的重大决议。

（12）关心爱护员工，法定代表人必须提供配备符合行业标准和国家标准的劳动防护用品和防火设施，不断改善职工的劳动环境。

（13）企业内实行各类承包以及与外单位的各项承包合同中，必须有安全技术指标、安全

管理要求和安全职责等条款,并认真审核。

(14)主要负责人不在时,由代理者负责。

5.2 安全经理责任制度

负责监督公司各项安全、环保、健康制度和措施的执行,并提供帮助和支持。

(1)根据政府法规和普莱克斯公司的安全标准制定本公司的安全规定。

(2)督促和检查安全规定的执行,并实行奖惩措施。

(3)经常对生产现场、检修现场、施工工地及各部门进行安全检查、安全考核,发现安全隐患,及时督促有关部门采取措施,限期解决。有权教育、纠正,甚至责令有关人员停止不安全作业。

(4)制订每年的安全环保工作计划和劳保用品计划,及时为全体职工提供劳动保护。

(5)负责日常的环境保护工作(包括噪声、污水监测),做好新员工、外来人员的安全培训,与相关部门一起负责特殊工种培训管理工作,并做好各项培训记录。

(6)做好易燃、易爆、有毒有害和压力容器的安全管理工作。

(7)向总经理、副总经理和公司管理层报告安全工作的进展和有关事项。

(8)协助普莱克斯公司和中国有关部门对安全情况的检查,对不足之处协助相应部门限期整改,并监督措施执行情况。

(9)参加安全事故调查、分析、处理、报告,执行好"三不放过"原则,协助提出防止事故再发生的措施,督促按期实现。

(10)会同有关部门做好工伤人员的鉴定工作,参与讨论事故责任人的处理措施。

(11)制定紧急反应计划,定期进行训练,定期检查和试验消防设施。

(12)开展安全竞赛活动,总结、评比先进的安全生产经验。对公司在安全生产中工作成绩显著或有严重过失的部门和个人向管理层提出奖惩建议。

(13)对不利于公司安全工作的措施拥有一票否决权。

(14)参加申查新建、扩建、改建及大、中修工程项目的设计、计划和竣工验收工作,督促检查生产及施工现场安全措施的落实执行。对新技术、新设备、新工艺应有完善的安全措施,做好"三同时"。

(15)收集安全事故案例,作为员工安全教育的教材。

5.3 部门经理/主管责任制度

(1)部门经理对各自分管区域内的安全事项全面负责。

(2)对来访者宣讲安全注意事项,提供必需的防护品,并负责监督执行。

(3)认真贯彻执行有关安全生产、劳动保护、环境保护和消防安全的法规以及公司的有关安全制度。对本部门职工在工作中的安全负责。

(4)在部门工作的计划、布置、检查、总结、评比中,把安全、防火工作贯彻到每个具体环节中去。

(5)对职工进行安全教育。特殊工种人员只有经过考试合格,取得操作证后,方能独立工作;对新工人,新调换人员,必须在其上岗之前进行安全教育,使其掌握必备的安全知识,并能自觉遵守执行。

(6)编制本部门的安全措施计划,负责组织实施,不断改善职工的劳动条件。

(7)发生安全事故要查明原因,并采取防止事故重复发生的措施。

(8)教育职工正确使用和维护劳保用品和消防器材。做好女工的特殊劳动保护工作。

(9)考核下属的安全业绩。

5.4 班组长责任制度

(1)根据公司规定和岗位实际情况检查员工佩戴劳保用品情况,检查设备、设施的安全运行情况。

(2)严格遵守岗位安全操作规程及安全注意事项。

(3)熟悉安全装置、劳动防护用品(用具)的性能、作用及正确使用方法。

(4)定期对员工进行岗位事故预防措施,事故案例分析等安全教育。

(5)对存在安全隐患的情况及时汇报,并提出改进措施。

5.5 员工安全生产责任制度

(1)严格遵守各项安全生产规章、制度和安全技术操作规程,努力完成本职工作。

(2)熟悉并掌握企业生产过程中所使用的各种危险化学品的名称、主要危险性、事故的应急处理办法、灭火方法。

(3)认真执行交接班制度,下班前认真检查,核对下班前的注意事项向接班人交代安全注意事项。接班前必须认真检查本岗位的设备和安全设施是否完好。

(4)杜绝违章操作,严格执行工艺规程和安全技术操作规程。本岗位的工作记录要清晰、真实、完整。

(5)不定时和定时检查相结合,准确分析、判断和处理生产过程中的安全异常情况。

(6)严禁设备带故障作业,认真维护设备,发现故障及时停机申请维修。正确使用,妥善保管各种防护用品、器具和消防器材。

(7)杜绝违章作业,并劝阻或制止他人违章作业。对违章指挥,有权拒绝执行并向领导报告。

(8)发现隐患或其他不安全因素应及时报告。

(9)对本单位的安全生产工作提出建议。

附录六　天津市顺城港货物运输有限公司车辆运输安全生产责任制

前　言

在现代化公司管理中,安全是公司文化的重要组成部分,安全工作是公司管理的灵魂,更是社会发展进步的产物,其核心是"以人为本",最终目标是安全生产零事故,实现安全发展和谐发展。

道路危险化学品运输公司属于高危行业之一。怎样强化公司安全生产建设明确管理人员的职责,提高驾驶人员、押运人员、装卸人员的操作素质,是公司目标化、网络化、规范化应解决的基础课题。在吉林市运输管理处领导的亲切关怀和指导下,公司依据中华人民共和国《安全生产法》《危规》《危险化学品安全管理条例》《道路货物运输及场站管理规定》等法规,编撰了《危险化学品运输安全生产责任制》《危险化学品运输安全生产管理制度》和各类危险化学品运输事故应急预案,从根本上完善了公司责任、管理、监控、操作应急五大安全管理体系。根据上述情况,我公司愿负全部法律责任。公司所有行为要严格遵循所制定的规章制度并严格执行。安全无小事"安全工作重如泰山",安全是公司生存的基石,是最为宝贵的财富。

强化管理、关爱生命、关爱环境、向善利物,为创建和谐美好的社会去奋斗。

1　总则

1.1　编制依据

为加强公司生产经营的安全管理,明确公司各级安全岗位职责,防止安全事故的发生,依据《中华人民共和国安全生产法》《中华人民共和国道路交通安全法》《中华人民共和国道路运输条例》《道路危险货物运输管理规定》的要求,特制定本责任制度。

1.2　适用范围

本制度适用于本公司各级管理部门及各级员工安全岗位职责的管理。

1.3　基本原则

岗位责任制按照"安全生产人人有责"和"安全生产全员负责制""一岗双责""谁签字谁负责"和"管生产必须管安全"等基本原则进行编制。

2　安全生产目标

2.1　公司安全生产目标

我公司本着尽最大可能避免和减少人员及财务损失,确保安全、文明、高效地运输生产的原则特制定了两个安全生产目标:"运输责任事故控制目标"和"运输安全管理工作目标"。

2.1.1 运输责任事故控制目标:

(1)行车事故频率低于5次/年;

(2)行车事故责任死亡率0人/年;

(3)行车事故责任伤人率低于2人/年;

(4)行车事故直接经济损失率低于10万元/年。

2.1.2 运输安全管理工作目标:

(1)对从业人员进行安全教育,教育率达100%;

(2)驾驶人员、押运人员、安全生产管理人员持证上岗率100%;

(3)危货运输车辆GPS安装率100%;

(4)隐患整改率100%;

(5)工伤保险参保率100%;

(6)杜绝违章指挥,违章、冒险作业;

(7)GPS一般违章行为处罚率100%;

(8)应急预案演练参与率100%。

2.2 公司安全目标分解表

公司安全目标分解表见表1。

公司安全目标分解表　　　　　　　　　　　表1

岗位	安　全　目　标	完成时间	考　核　原　则	考核领导
总经理	行车事故频率低于3次/年;行车事故责任死亡率0人/年;行车事故责任伤人率低于2人/年;行车事故直接经济损失率低于5.5万元/年	全年	月度、年度考核,从突破目标值之月起考核,每项否决2分。情节严重的另行追究有关人员责任	安委会
安全副总经理	行车事故频率低于3次/年;行车事故责任死亡率0人/年;行车事故责任伤人率低于2人/年;行车事故直接经济损失率低于5.5万元/年	全年	月度、年度考核,从突破目标值之月起考核,每项否决2分。情节严重的另行追究有关人员责任	总经理
分管副总经理	行车事故频率低于3次/年;行车事故责任死亡率0人/年;行车事故责任伤人率低于2人/年;行车事故直接经济损失率低于5.5万元/年。对从业人员进行安全教育,教育率达100%;驾驶人员、押运人员、安全生产管理人员持证上岗率100%;危货运输车辆GPS安装率100%;隐患整改率达100%。工伤保险参保率100%。应急预案演练参与率100%	全年	月度、年度考核,从突破目标值之月起考核,每项否决2分。情节严重的另行追究有关人员责任	总经理

续上表

岗位	安全目标	完成时间	考核原则	考核领导
安全部长	行车事故频率低于3次/年;行车事故责任死亡率0人/年;行车事故责任伤人率低于2人/年;行车事故直接经济损失率低于5.5万元/年。对从业人员进行安全教育,教育率达100%;驾驶人员、押运人员、安全生产管理人员持证上岗率100%;危货运输车辆GPS安装率100%;隐患整改率达100%。工伤保险参保率100%。应急预案演练参与率100%	全年	月度、年度考核,从突破目标值之月起考核,每项否决2分。情节严重的另行追究有关人员责任	安全副总经理
车队队长	行车事故频率低于3次/年;行车事故责任死亡率0人/年;行车事故责任伤人率低于2人/年;行车事故直接经济损失率低于5.5万元/年。对从业人员进行安全教育,教育率达100%;驾驶人员、押运人员、安全生产管理人员持证上岗率100%;危货运输车辆GPS安装率100%;隐患整改率达100%。应急预案演练参与率100%	全年	月度、年度考核,从突破目标值之月起考核,每项否决2分。情节严重的另行追究有关人员责任	分管副总经理
车队安全员	行车事故频率低于3次/年;行车事故责任死亡率0人/年;行车事故责任伤人率低于2人/年;行车事故直接经济损失率低于5.5万元/年。对从业人员进行安全教育,教育率达100%;驾驶人员、押运人员、安全生产管理人员持证上岗率100%;隐患整改率达100%。应急预案演练参与率100%	全年	月度、年度考核,从突破目标值之月起考核,每项否决2分,情节严重的另行追究有关人员责任	分管副总经理
GPS监控员	危货运输车辆GPS安装率100%;GPS一般违章行为处罚率100%	全年	月度、年度考核,从突破目标值之月起考核,每项否决2分,情节严重的另行追究有关人员责任	分管副总经理
驾驶人员	行车事故频率低于0.2次/年;行车事故责任死亡率0人/年;行车事故责任伤人率低于0.1人/年;行车事故直接经济损失率低于0.5万元/年。参加安全教育率达100%;隐患整改率100%;GPS在线率100%;应急预案演练参与率100%。杜绝违章行为;持证上岗	全年	月度、年度考核,从突破目标值之月起考核,每项否决2分,情节严重的另行追究有关人员责任	分管副总经理
押运人员	参加安全教育率达100%;隐患整改率100%;应急预案演练参与率100%。杜绝违章行为;持证上岗。杜绝爆炸物品丢失、被盗、差错事故	全年	月度考核,从突破目标值之月起考核,每项否决2分,情节严重的另行追究有关人员责任	分管副总经理

续上表

岗位	安 全 目 标	完成时间	考 核 原 则	考核领导
装卸管理人员	参加安全教育率达100%；隐患整改率100%；应急预案演练参与率100%。杜绝违章行为；持证上岗。杜绝爆炸物品装卸差错事故,杜绝野蛮装卸行为	全年	月度、年度考核,从突破目标值之月起考核,每项否决2分,情节严重的另行追究有关人员责任	分管副总经理
停车场	不能出现火灾事故和盗窃事故		停车场周围划定禁区,设置明显警示标志；停车场要配备有与运输货物性质相适应的安全防护；停车场地要指定专人负责	分管副总经理

2.3 目标执行

2.3.1 认真贯彻执行《安全生产法》《道路交通安全法》《危险化学品安全管理条例》《天津道路运输条例》《道路危险货物运输管理规定》等法律法规,做到依法管理,不断完善安全管理规章制度。

2.3.2 推行安全系统化管理,实现安全管理标准化、制度化,将安全管理与设备设施管理、现场管理、运输车辆管理及班组管理有效结合起来。

2.3.3 夯实安全管理基础工作,切实抓好安全物防、技防、人防工作。一是要结合运营流程和危险货物运输安全要求,积极推广应用安全防护新设备、新技术,提高本质安全化水平；二是结合公司实际,强化设备设施安全运行的检查和维护；三是推进生产作业的现场管理工作,做到物流有序、设施有效、安全可靠。

2.3.4 持续开展全员安全教育和培训,努力提高全员安全素质。一是加强管理者的责任心教育和安全技术教育,提高安全管理的预见性和防控事故的能力。二是坚持做好新入公司员工、临时工、转岗、复工人员的安全教育工作,定期对特种作业人员进行岗位安全操作技能的强化培训及复查办证工作。三是定期做好员工的安全教育培训,使他们掌握国家的政策、法规,以及公司的管理制度和安全技术操作规程,并应用于实际工作中。

2.3.5 加强停车场、装卸点等重点要害部位、交通、消防的安全管理,强化日常安全检查,加大隐患排查治理力度,及时发现、消除事故隐患,防止事故发生。

2.3.6 组织开展好事故应急预案的评审和演练工作,进一步完善事故应急预案,增强应急预案的针对性和可操作性,避免或减少事故损失。

2.3.7 加强职业卫生管理,防止和减少职业危害,为员工创造良好、健康的工作环境。

2.3.8 抓好车队班组安全管理工作,提高班组安全管理水平。

2.4 目标监督检查

2.4.1 安全检查职责分工。

公司安全管理人员对全公司生产作业场所、生产流程各环节、职工按章作业、各作业项目的安全措施、安全生产教育、安全任职资格、消防、道路交通等方面进行全面检查。

2.4.2 安全检查原则。

按照人人履责,安全专业检查与群众舆论监督相结合,一级检查一级,逐级抓落实,向下延伸至班组及现场的安全工作分级管理原则。

2.4.3 安全检查形式。

(1)日常安全检查。公司安全管理人员按岗位、工艺流程、班组确定日常检查方法并不定期组织开展;班组要做到班班有检查、有记录,生产作业现场有针对性的安全标志,操作者有作业标准,人人有安全职责。

(2)定期安全检查。每月由公司领导组织开展不少于一次的安全检查,每季度进行一次安全综合检查,检查要有记录,并登记上账。

(3)季节性安全检查。公司安委会根据季节的特点组织安全检查,主要内容为旱季防火、雨季防雷电、防洪防汛等。

(4)隐患整改。

①检查人员发现隐患应直接向班组或相关管理人员报告。

②公司在安全检查中发现问题,向相关班组发出《整改通知书》,要求限期整改,并上报整改情况,对重大隐患应令其停止作业并限期整改,同时上报公司领导。

③对暂时不能整改的重大隐患,应纳入危险源管理,并制订规划积极创造条件,尽快予以解决。

3 管理机构

3.1 安全生产管理机构设置

公司设立安全委员会,总经理任主任,安全生产主管、经营副总、总经理助理、安全管理部、综合部、财务部的责任人任成员。安全生产管理机构设置如图1所示。

3.2 安全生产决策机构安全职责

3.2.1 树立安全发展理念,坚持"安全第一,预防为主,综合治理"的方针主要负责领导本公司的安全生产工作建立健全安全工作机构。

3.2.2 建立健全安全工作机构组织研究决策本公司生产安全重大问题;明确公司法人代表是安全生产的第一责任人,对本单位的安全生产负全责。

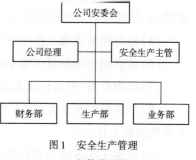

图1 安全生产管理机构设置图

3.2.3 本着"谁签字谁负责"和"管生产必须管安全"的原则,严格贯彻执行国家和行业有关安全生产法律、法规、规章和标准的要求。

3.2.4 研究、审议和批准安全生产规划、目标、管理体系、安全管理机构设置、安全投入、安全评价等安全管理的重大事项。

3.3 安全生产安全管理部门安全职责

3.3.1 认真贯彻落实安全生产决策机构有关安全生产决定和管理措施。

3.3.2 牢固树立安全责任重于泰山依法组织制定(修订)和执行安全生产管理制度、操作规程、安全生产计划、安全生产费用预算、应急预案等。

3.3.3 组织召开安全会议,开展安全生产活动,提出安全生产管理建议。

3.3.4 经常进行安全检查,在安全生产中主要负责安全生产工作的监督、检查、考核、通报。

3.3.5 不断改善劳动安全卫生条件和生产安全环境,在安全生产中主要负责安全设施、设备、防护用品管理和发放。

3.3.6 在安全生产中有计划组织车辆检测,主要负责车辆维护和修理。

3.3.7 在安全生产中主要负责货物受理、审核及相应营运手续办理。

3.3.8 掌握驾驶人员思想和车辆技术状态,制订运输组织方案及车辆人员调度。

3.3.9 负责本公司车辆运输过程中的安全管理工作。

3.3.10 负责专职安全管理人员、从业人员的审核、聘用、奖惩、解聘、劳动安全、职业健康等。

3.3.11 负责运输事故现场协调、配合、调查和报告。

3.3.12 配合相关部门安全生产管理档案建立、信息统计等。

3.4 其他职能部门职责

3.4.1 综合部职责:

(1)综合部部长是本部门安全第一责任人,对综合部的安全负全面管理责任。

(2)学习、贯彻各项安全法律法规、方针政策、规章制度及标准等。

(3)负责有关安全方面的文件、报告和信访接待以及相关事务的处理。

(4)在公司授权的范围内,开展调查研究,协助总经理处理好安全日常事务,并及时将工作情况、处理结果向总经理汇报。

(5)做好档案管理工作中的安全管理。

(6)负责组织编制员工安全教育和安全技术培训长远规划和年度计划。

(7)组织有毒、有害作业人员定期体检,并按规定做好调配工作,保证员工的健康。

(8)负责组织新工人的"三级"安全教育,按规定做好岗位人员培训考试工作,负责特殊人员的换证工作。

(9)参加工伤事故调查处理和善后工作以及工伤鉴定工作。

(10)贯彻国家有关劳动保护法规、制度,监督行政搞好安全生产、工业卫生和女职工及未成年工的特殊劳动保护工作,并向行政提出改进意见和建议。

(11)参加公司安全大检查,督促有关部门对事故隐患进行整改,参加工伤事故的调查处理和和善后工作。

(12)协同有关部门组织安全活动、知识竞赛。做好宣传、总结推广安全先进事迹和经验。

(13)组织和发动各级党组织和共产党员,带头贯彻国家安全法律、法规和公司安全规章制度。

(14)监督检查各级人员安全责任制执行情况,重点搞好中层干部安全业绩的考核建档工作。

(15)参加安全事故调查处理,协助办理有关事宜。

3.4.2 保卫部安全职责:

(1)保卫部部长是本部门安全第一责任人,对保卫部的安全负全面管理责任。

(2)学习、贯彻各项安全法律法规、方针政策、规章制度及标准等。

(3)负责公司的安全保卫、消防、危险品押运、社会治安综合治理等方面的管理工作。

(4)制定和完善公司的消防、保卫制度,并监督执行。

(5)参加技进、技措项目中的消防设施、装置等的审核验收工作。

(6)负责消防器材配备、维护管理工作。

(7)组织火灾的扑救,负责火灾事故、责任性破坏事故和公司内交通事故的调查处理、统计上报及建档工作。

(8)经常进行消防宣传,负责专、兼职消防人员的培训和管理工作,定期组织开展消防检查,组织消防、应急救援预案演练活动等。

(9)加强道路交通宣传,做好运输爆炸物品的安全管理。

(10)负责厂区、库区内动火作业的审批,必要时到现场监督并采取防范措施,参加建筑设计防火的审核验收。

(11)搞好民爆物品的安全保卫工作,做好厂区、库区、家属区的安全保卫工作。

3.4.3 财务部安全职责:

(1)财务部部长是本部门安全第一责任人,对财务部的安全负全面管理责任。

(2)认真贯彻执行国家、行业各项安全法律法规、方针政策、规章制度及标准等。

(3)制定和完善财务部的安全管理制度,并监督执行。

(4)负责公司安全经费的足额提取和管理,保障安全资金的投入,做到专款专用;做好劳动保护用品、保健食品、清凉饮料及职业病防治费用的提取,并监督使用。

(5)审核新技术、新产品、工艺引进、研制开发及试产中安全技术项目费用的落实情况。

(6)负责财务部各种票据、印鉴、空白支票、空白汇票、收据、增值税发票、现金存、取、暂存和财务办公系统的安全管理。

(7)负责组织公司财产保险管理,以及公司内因事故涉及财产保险理赔工作。

(8)负责制定本部门各岗位具体安全职责并督促严格执行,做好本部门工作范围内的安全工作。

(9)负责组织本部门人员按要求开展安全教育培训。

(10)组织本部门人员参加事故应急救援预案的宣传和演练。

(11) 组织本部门安全检查和隐患治理。

4 安全生产岗位

4.1 主要负责人安全职责

4.1.1 总经理是本公司安全第一责任人,对公司的安全工作全面负责。

4.1.2 认真贯彻执行安全生产的法律、法规及国家相关标准,严格按《中华人民共和国安全生产法》《中华人民共和国道路交通安全法》的规定组织生产经营活动,配备完善的安全生产条件,不断提高公司的本质安全水平。

4.1.3 当好公司安全生产总指挥的角色,通过生产实践建立健全公司安全生产责任体系。

4.1.4 认真审定、批准、发布公司安全生产规章制度和操作规程。

4.1.5 明确安全管理责任、权利和义务,必须保证公司安全生产投入的有效实施。

4.1.6 经常深入基层检查指导安全生产认真督促、检查公司的安全生产工作,及时消除生产安全事故隐患。

4.1.7 加强事故管理,对各类事故严格按"三不放过"的原则,组织制定并实施公司的生产安全事故应急救援预案。

4.1.8 对发生伤亡事故,按国家有关规定及时统计上报,并认真进行调查分析,提出处理意见和改进措施,并督促实施。

4.1.9 认真听取意见和建议主持安全办公会议,研究分析安全生产形势,制定隐患整改措施。

4.2 分管安全的公司负责人安全职责

4.2.1 执行国家有关安全生产及危险品运输的方针、政策、法规和上级有关安全工作制度、指标,结合本单位实际情况协助总经理进行安全决策,负责日常安全工作。

4.2.2 掌握本单位安全生产状况,负责检查安全措施执行情况,负责安全培训工作。

4.2.3 严格依法制定安全生产规章制度和操作规程及应急预案。

4.2.4 认真审定、批准发布公司安全操作规程,并在组织生产时认真实施。

4.2.5 坚持定期做好公司范围内的安全检查发现问题及时整改汇报。

4.2.6 严格按"三不放过"的原则负责公司运输事故应急处置、调查及处理建议。

4.2.7 经常深入基层组织从业人员的安全教育培训,制订和落实安全教育培训计划并组织实施。

4.2.8 督促职能部门负责组织每月一次的安全生产大检查,对检查中查出的问题提出整改计划并组织落实。

4.3 安全管理部门负责人安全职责

4.3.1 贯彻落实本公司安全生产决策机构有关安全生产决定和管理措施。

4.3.2 组织制定(修订)和执行本单位安全生产规章制度和操作规程、应急预案、安全生产工作计划、安全生产费用预算。

  4.3.3 开展安全生产规则监督检查考核、隐患排查和整改落实、安全文化建设和四顾应急救援演练等。

  4.3.4 组织召开安全生产工作例会,提出安全生产管理建议。

  4.3.5 对运输事故现场协调处置、调查、报告及提出处理建议。

  4.3.6 安全生产统计与安全生产管理档案建立。

4.4 专职安全管理人员职责

  4.4.1 认真贯彻执行有关安全工作的法律、法规、标准协助制定、执行公司安全生产管理规章制度、操作规程、应急预案、安全生产工作计划、安全措施等,监督、检查执行情况,提出改进建议。

  4.4.2 组织对车辆驾驶人员、押运人员及装卸管理人员安全学习、安全教育培训、应急演练等安全生产活动。

  4.4.3 定期进行安全检查和隐患排查及督促整改。

  4.4.4 建立管理人员和从业人员安全培训机构对新聘从业人员的教育培训、考核。

  4.4.5 会同驾驶人员做好车辆(罐体)安全检查,保障相关证件、文书,车辆安全防护设施、设备及消防、劳动保护用品等管理、发放、使用和维护,以及单位相关证照和保险办理。

  4.4.6 事故现场组织施救、协助事故调查、处理,负责事故原因分析与保险理赔。

  4.4.7 实施车辆动态监控以及安全统计和安全管理档案建立。

4.5 驾驶人员安全职责

  4.5.1 认真贯彻执行国家、行业各项安全法律法规、方针政策、规章制度等。

  4.5.2 自觉遵守和执行《中华人民共和国道路交通安全法》等国家法律、法规、交通规则、公司规章制度。

  4.5.3 执行运输任务,出车前:驾驶人员必须检查自己的机动车驾驶证、危险品从业资格证、消防培训合格证等证件是否齐全。

  4.5.4 熟悉车况了解性能,精心操作和维护车辆,随车携带相关有效证件及文书,妥善保管好随车的安全防护设施、设备和防护用品等器材良好有效。

  4.5.5 严格按照"三检"制度,经常性地对车辆进行检查和维护,保持车辆安全标识的清洁完好,对检测修理后的车辆要试车确认安全后,签字认可再运行。

  4.5.6 了解承运物资的品种类型、物理化学特性;了解恶劣天气、特殊地段、特殊时期的不利因素,熟练掌握应急处理措施;在规定的时间、路线内,采取最佳的行车方案,确保运送物资的安全准点。

  4.5.7 运输危化品时,静电拖地带要保持触地,以防雷雨天气静电的导出,保证车辆安全。

  4.5.8 严禁酒后驾驶和疲劳驾驶,驾驶人员在行车中,严禁吸烟、吃食品、袒胸露背、穿拖鞋或携带与工作无关人员。

4.5.9 车辆运输任务完毕,驾驶人员收车进场,时速不得超过 5km/h,按规定位置将车停放整齐,不准随意乱停乱放。

4.5.10 驾驶人员在行车中如发生交通事故,必须向安全机务部领导报告备案,按照《交通事故应急预案》处理。

4.5.11 按时参加安全学习和教育培训等活动,按照《汽车运输危险货物规则》(JT 617—2004)和《汽车运输、装卸危险货物作业规程》(JT 618—2004)要求,掌握安全技术知识、技能和应急处理办法。

4.5.12 严格按照《GPS 系统使用管理制度》的要求,正确掌握 GPS 车载系统的使用和维护。

4.5.13 车辆停好后要认真检查,发现故障隐患及时报修(填写报修单),要保持车质完好和车容车貌整洁,无明显油迹、灰土、泥渍。对本工作范围内的安全负责。

4.5.14 参加公司和部门组织的各项安全事故预案演练及培训工作。

4.6 押运人员安全职责

4.6.1 全面了解国家和天津市有关危险货物运输的法规和规章、安全操作规程、应急预案和公司规章制度及标准等,熟悉所押运的货物性质和特征以及防范措施、急救手段。

4.6.2 掌握危险货物运输的操作规程和安全要求,熟悉危险货物运输过程中交接、承运、托运、单据、单证以及办理有关手续,会同驾驶人员做好车辆安全检查。

4.6.3 会同驾驶人员做好车辆(罐体)安全检查,保障相关证件、文书,车辆安全防护设施、设备及消防、防护用品,货物捆扎等齐全有效。

4.6.4 监督、提醒驾驶人员按照有关运输规定行车和停车,做好客户及货物核实,检查货物配装和堆码,行车途中应监视货物状态是否安全。

4.6.5 积极配合和监督驾驶人员不得超速、超载违章行驶,服从公安人员的安全检查。保证运输的产品安全,并对押运的产品的丢失负责。

4.6.6 不准其他无关人员搭乘产品运输车辆,不准与其他物品混装,严禁违章运输。

4.6.7 对运输事故及时报告和应急处置,且维护好现场。

4.6.8 应参加安全学习和教育培训等活动,按照《汽车运输危险货物规则》(JT 617—2004)和《危险货物道路运输企业安全生产责任制编写要求》(JT/T 913—2014)要求,掌握安全技术知识和应急处理方法。

4.7 装卸管理人员安全职责

4.7.1 遵照《道路运输从业人员管理规定》《汽车运输、装卸危险货物作业规程》《汽车运输危险货物规则》和有关规定,执行本单位的各种规章制度、操作规程和应急预案,做好本职工作。

4.7.2 检查车辆资质、设备情况和安全措施、装卸作业区安全、车辆、安全设备、装卸机具技术性能、货物、人员、证件、手续及作业人员劳动保护用品穿戴是否符合要求。

4.7.3 装卸人员必须具备事本岗位工作的身体素质和熟知作业中的民爆器材产品的

性能、性质及注意事项。

4.7.4 装卸民爆器材产品时,应文明作业、规范操作,严格按规定做到轻拿轻放;严禁翻滚、拖拉或用撬棍、铁器敲打包装件。

4.7.5 监视装卸过程和装卸作业应符合《汽车运输、装卸危险货物作业规程》(JT 618—2004)规定。

4.8 其他岗位人员安全职责

4.8.1 车队队长安全职责:

(1)认真贯彻党的方针、政策和国家、公安、交通监督管理部门的有关法律、法规,遵守公司一切规章制度,贯彻执行公司下达的目标管理任务,协调各科室的正常工作。在公司总经理领导下,对交通运输安全、车辆维护、养护、技术管理负责。

(2)坚持以"安全第一,预防为主,综合治理"的方针,严格按照车辆安全管理规定以及车辆集中调度的办法。根据公司的特点,合理调动车辆,确保各项运输任务顺利完成。

(3)掌握驾驶人员思想和车辆技术状态,负责组织驾驶人员月安全学习,纠正不安全因素和习惯性违章,禁止酒后开车,非驾驶人员开车及超速、超限等。

(4)严格将公安道路管理部门和公司有关规定开展工作,搞好日常内部管理工作,检查督促公司储备站的周安全学习;驾驶人员是否坚持了一日三检制度。

(5)有计划组织车辆检测,认真做好车辆的年检、年审、保险以及参与交通事故的调查、处理案件分析,坚持"三不放过"原则,做好车辆事故台账。

4.8.2 GPS 管理员安全职责:

(1)遵守 GPS 管理制度,及时认真填写《实时动态监控平台监控日志》《车载终端故障维修记录》《车辆违章处罚登记表》等,对车辆进行 24h 监控。

(2)及时录入更新修改 GPS 车载终端营运车辆的基本情况、二级维护、保险、分段限速等相关信息。

(3)及时查明不在线车辆的原因,确系设备出问题,及时与维修人员联系,尽快修复,相关情况记录存档,有关情况及时报告公司。

(4)监控车辆违章行为,及时短信提示和纠正违章,并将数据存档。

(5)车辆二级维护、保险等到期信息需提前三天向车载终端发送提示信息,及时更新二级维护、保险信息。

(6)使用规范、简单、明确的用语发送信息,不得发送与工作无关的信息。不得擅自修改、删除信息。

(7)重要监控信息及时向公司报告。

(8)对安装视频监控的车辆每天调阅视频不得少于 3 次,每次不少于 1min,并记录在案。

5 安全生产责任考核

5.1 考核目的

为认真贯彻执行国务院、省、市有关安全法律、法规文件精神,有效落实本公司各项安全生产管理制度、规程,形成人人争做安全生产优秀职工的良好安全氛围,促进安全生产工作顺利进行,现结合本公司实际,制定本考核制度。

5.2 管理职责及分工

副总经理负责对考核情况进行审核。公司安全管理人员根据安全生产指标和指标分解表负责对本公司的安全生产情况进行检查,并将考核结果报综合部。综合部负责根据考核单进行工资结算。

5.3 考核频次和方法

公司综合部按照上述的考核标准,每月进行一次考核,报副总经理审批,综合部在月底结算工资时根据副总经理批示进行处罚或奖励。所有安全管理处罚、考核资金应作为本公司安全生产奖励基金。

6 安全生产责任奖惩

6.1 安全生产奖励

6.1.1 对全面完成上级下达的安全生产指标,落实安全生产岗位责任制,认真贯彻执行安全生产方针、政策、法规及规章制度的,全年未发生一般及以上事故的车队班组,奖励 500～1000 元,有关管理人员奖励 200～500 元。

6.1.2 对在生产中发现事故隐患或发现重大事故隐患及时采取措施加以整改和预防的、发现违章操作及时制止的,以及其他作出突出贡献的个人,奖励 100～300 元/次。

6.1.3 安全生产管理台账齐全、记录准确的,奖励 100 元。

6.1.4 在安全教育培训中工作突出的,奖励 100～300 元。

6.2 安全生产不符合处罚管理

根据"谁主管谁负责,谁出问题谁承担"的原则,对发生违章违制造成事故损失的,不仅要在经济上和行政上对责任人给予处罚,涉及刑事责任的,依法追究其刑事责任。

6.2.1 车队班组发生死亡一人次的事故,取消该班组当月效益工资,对事故责任人处以 2000 元罚款;对班组长处以 1000 元罚款;对副总经理处以 2000 元罚款;对公司安全管理人员处以 1000 元罚款。

6.2.2 车队班组发生重伤一人次的事故,扣除该班组 50% 的效益工资,对事故责任人处以 1000 元罚款;对班组长处以 500 元罚款;对副总经理、以 1000 元罚款;对公司安全管理人员处以 500 元罚款。

6.2.3 车队班组发生轻伤事故的,减扣该班组当月 10% 的效益工资,对事故责任人处以 500 元罚款;对班组长处以 300 元罚款;对副总经理处以 200 元罚款;对公司安全管理人员处以 100 元罚款。

6.2.4 发生重大设备、交通事故、重大火灾、爆炸事故的,相关处理按上级有关部门决定执行。

6.2.5 未层层签订安全生产目标责任书的,处以 100 元/人的罚款。

6.2.6 新入公司职工未进行三级安全教育培训,处罚 200 元/人次。

6.2.7 未按安全生产方针和目标及安全责任书定期开展安全生产检查的,处罚 100 元/次。

6.2.8 《管理制度手册》所规定的各类安全台账记录未按时记录或记录不规范的,每项处以 50 元罚款。

6.2.9 发生各类事故或未遂事故的,未按"四不放过"原则进行处理建档的,每次处罚 200 元。

6.2.10 从业人员未遵守本公司规章制度,发生"三违"的,对责任人处以 100~300 元罚款。

6.2.11 本制度没有明确规定的其他违反相关规定的行为,视情节轻重,按责任大小给予 100~500 元的处罚。

6.2.12 未及时传达有关安全文件精神的,处罚责任人 50~100 元。

6.2.13 对瞒报工伤事故的,视其情节轻重每次给予 200~500 元罚款。

7 附则

7.1 解释权归属

《天津市顺城港货物运输有限公司车辆运输安全生产责任制》解释权归公司安全生产委员会。

7.2 实施日期

《天津市顺城港货物运输有限公司车辆运输安全生产责任制》自 2015 年 5 月 1 日起实施。

附录七 贵阳仁通运输有限公司安全生产责任制

1 总则

1.1 制定依据
《中华人民共和国安全生产法》(2014年12月1日施行);
《道路危险货物运输管理规定》(交通运输部令2013年第2号);
《贵州省生产经营单位安全生产主体责任规定》(黔府办发〔2009〕31号);
《生产安全事故报告和调查处理条例》(国务院令第493号);
《生产经营单位安全培训规定》(安全监管总局令第3号)。

1.2 适用范围
适用于公司各级管理部门及岗位和人员的安全职责管理。

1.3 基本原则
本安全生产责任制是按照"安全第一、预防为主、综合治理"的安全生产方针和"管生产的同时必须管安全""安全生产、人人有责""一岗双责"及安全生产"全员责任制"的原则制定的。

2 安全生产目标

2.1 目标设定
(1)运输责任事故控制目标:全年人身轻伤人次≤3人,杜绝重伤和死亡事故的发生;杜绝因泄漏引起的起火、爆炸及多人中毒、环境污染和社会性灾害事故;杜绝直接经济损失达5000元以上的交通事故、设备事故或其他经济损失事故发生。

(2)运输安全管理工作目标:行车责任肇事频率低于3次/百万km;行车责任死亡率低于0.3人/百万车km;行车责任伤人率低于1.6人/百万车km;行车责任事故经济损失率低于3.5万元/百万车km。对从业人员进行安全教育,教育率达100%;驾驶人员、押运人员持证上岗率100%;危货运输车辆GPS安装率100%;安全生隐患整改率达100%;GPS一般违章行为处罚率100%;应急处置预案演练参与率100%;杜绝违章指挥、违章冒险作业。

2.2 目标分解
(1)经理(主要负责人):行车责任肇事频率低于3次/百万km;行车责任死亡率低于0.3人/百万车km;行车责任伤人率低于1.6人/百万车km;行车责任事故经济损失率低于3.5万元/百万车km。

(2)副经理(分管安全的负责人):行车责任肇事频率低于3次/百万km;行车责任死亡

率低于 0.3 人/百万车 km;行车责任伤人率低于 1.6 人/百万车 km;行车责任事故经济损失率低于 3.5 万元/百万车 km。对从业人员进行安全教育培训率达 100%;驾驶人员、押运人员、安全生产管理人员持证上岗率 100%;危货运输车辆 GPS 安装率 100%;隐患整改率达 100%;应急预案演练参与率 100%。

(3)安检部:行车责任肇事频率低于 3 次/百万 km;行车责任死亡率低于 0.3 人/百万车 km;行车责任伤人率低于 1.6 人/百万车 km;行车责任事故经济损失率低于 3.5 万元/百万车 km。消防器材合格率 100%;安全防护、应急设备设施完好率 100%;新职工岗前安全教育率 100%;驾驶人员、押运人员、安全生产管理人员持证上岗率 100%;安全管理人员安全教育培训率 100%;隐患排查整改率 100%;应急预案演练参与率 100%。

(4)业务科:行车责任肇事频率低于 3 次/百万 km;行车责任死亡率低于 0.3 人/百万车 km;行车责任伤人率低于 1.6 人/百万车 km;行车责任事故经济损失率低于 3.5 万元/百万车 km。消防器材合格率 100%;安全防护、应急设备设施完好率 100%;隐患排查整改率 100%;应急预案演练参与率 100%。

(5)财务科:消防器材合格率 100%;隐患排查整改率 100%;各项安全费用到位率 100%;安全奖励资金到位率 100%;应急预案演练参与率 100%。

(6)驾驶人员、押运人员:行车事故频率低于 0.2 次/年;行车事故责任死亡率 0 人/年;行车事故责任伤人率低于 0.1 人/年;行车事故直接经济损失率低于 0.5 万元/年,全年人身轻伤人次≤3 人,不发生重伤和死亡事故;隐患排查整改率 100%;消防器材合格率 100%;安全、应急设备、设施完好率 100%;道路危险货物运输从业资格证持有率 100%;参加日常教育培训率 100%;安全工作例会参加率 100%;应急预案演练参与率 100%。

(7)GPS 平台监控人员:危货运输车辆 GPS 安装率 100%;GPS 监控记录填写率 100%;GPS 一般违章行为处罚率 100%;隐患排查整改率 100%;消防器材合格率 100%;应急预案演练参与率 100%。

2.3 目标执行

各部门和各车驾驶人员、押运人员要严格按照公司的安全生产目标分解任务,落实安全责任、投入和措施,实现我公司的安全生产目标。

(1)认真贯彻执行《安全生产法》《道路交通安全法》《危险化学品安全管理条例》《贵州省道路运输条例》《道路危险货物运输管理规定》等法律法规,做到依法管理,不断完善安全管理规章制度。

(2)推行安全生产标准化管理,实现安全管理标准化、制度化,将安全管理与设备设施管理、现场管理、运输车辆管理有效结合起来。

(3)夯实安全管理基础工作,切实抓好安全物防、技防、人防工作,结合我公司实际,强化设备设施安全运行的检查和维护,推进生产作业的现场管理工作,做到物流有序、设施有效、安全可靠。

(4)持续开展全员安全教育和培训,努力提高全员安全素质。一是加强管理者的责任心教育和安全技术教育,提高安全管理的预见性和防控事故的能力;二是坚持做好新入公司员工、转岗、复工人员的安全教育工作,定期从业人员进行岗位安全操作技能的强化培训工作;三是定期做好员工的安全教育培训,使他们掌握国家的政策、法规,以及公司的管理制度和安全技术操作规程,并应用于实际工作中。

(5)加强停车场、装卸点等重点要害部位交通、消防的安全管理,强化日常安全检查,加大隐患排查治理力度,及时发现、消除事故隐患,防止事故发生。

(6)组织开展好事故应急预案的评审和演练工作,进一步完善事故应急预案,增强应急预案的针对性和可操作性,避免或减少事故损失。

(7)加强职业卫生管理,防止和减少职业危害,为员工创造良好、健康的工作环境。

2.4 目标监督检查

公司安全生产管理人员对全公司生产作业场所、停车场地等各作业项目的安全措施、安全生产教育、安全任职资格、消防、道路交通等方面进行全面检查。按照人人履责、安全专业检查与群众舆论监督相结合的方法,一级检查一级,逐级抓落实。监督检查的范围包括与生产经营活动相关的所有场所、环境、人员和设施设备。具体监督检查内容有以下几个方面:

(1)监督检查企业主要负责人、分管负责人、安全管理人员、各岗位安全生产责任制建立及落实情况。

(2)监督检查公司与各职能部门和各车驾驶人员、押运人员签订安全生产目标责任书情况。

(3)监督检查安全生产经费的投入情况。

(4)监督检查公司从业人员的持证上岗情况及教育培训情况,以及安全宣传、劳动组织、用工等情况。

(5)监督检查车辆及设备设施安全技术状况。包括车辆年检、综合性能检测、二级维护是否按期进行,灯光、转向、制动、喇叭是否稳固有效,轮胎磨损及胎压情况,随车其他装置是否牢固有效,消防栓、灭火器是否符合相应规定并保持有效状态等。

(6)检查从业人员操作规程执行情况。包括驾驶证、从业资格证件是否有效,是否按时参加例会、教育学习,是否存在私自顶班现象,是否存在违反操作规程的违章行为,安全隐患的整改情况,思想状况等。

公司安全生产领导小组每年年底依据公司的安全生产目标,按照公司的安全生产目标考核与奖惩办法,对各部门和各车驾驶人员、押运人员安全生产目标完成情况进行检查考核。

3 安全生产管理机构

3.1 安全生产管理机构设置(图1)

为进一步加强公司安全生产管理工作,按照安全管理工作"谁主管、谁负责""一岗双责""管生产必须管安全"的原则,经公司研究决定,设置公司安全生产管理机构,包括安全

生产决策机构(安全生产领导小组)和安全生产管理部门(安技科)。组成人员公布如下:

(1)安全生产领导小组:

组长:×××

副组长:×××、×××

成员:×××

公司安全生产领导小组办公室设在安技科,×××同志兼任办公室主任,联系电话:×××(兼传真)。

(2)安检科:

安检科科长:×××

安检科成员:×××、×××

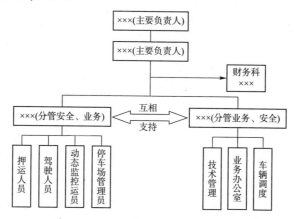

图1 安全管理组织机构图

3.2 安全生产领导小组安全职责

(1)负责领导公司的安全生产工作,负责对公司安全生产各个环节进行监督管理,并提出预防事故发生的措施,组织开展经常性的安全生产检查。建立健全安全生产管理机制,推行安全生产目标管理。

(2)定期组织召开安全生产领导小组会议,研究决策公司安全生产的问题,解决生产中存在的问题。

(3)贯彻执行国家和行业有关安全生产的法律、法规、规章和标准的要求,并结合实际组织制定本企业安全生产制度、规程和技术规范,推行安全生产责任制。

(4)研究、审议和批准安全生产规划、目标、管理体系、安全管理机构设置、安全投入、安全评价等安全管理的重大事项。建立安全生产目标考核体系,落实安全生产责任。

(5)组织开展安全生产竞赛活动,对安全生产进行检查、评比、考核,并对安全生产先进单位和个人进行表彰,总结和交流经验,推广安全生产先进管理方法。

(6)组织制定运输事故应急预案救援工作,负责本企业的行车事故处理,剖析事故原因,落实整改措施。

(7)开展新形势下行车安全工作的探讨和研究,提高安全管理水平,建立公司安全生产的长效机制。

3.3 安检科安全职责

安检科具体负责公司安全生产的日常管理工作,具体执行以下职责:

(1)全面贯彻执行国家有关安全生产的方针、政策、法规,贯彻落实公司安全生产决策机构有关安全生产的决定和管理措施。

(2)结合企业实际,组织制定(修订)和执行安全生产管理制度、操作规程、安全生产工作计划、安全生产费用预算、应急预案等,建立健全本单位安全生产管理机制,并负责监督实施。

(3)定期组织召开安全生产工作例会,开展安全生产活动,总结分析安全生产情况,提出安全生产管理建议。

(4)制定安全生产年度管理目标,负责安全生产工作的监督、检查、考核、通报工作,并对安全生产先进单位和个人进行表彰,推广安全生产先进管理经验及做法。

(5)负责安全设施、设备和防护用品的管理与发放。

(6)负责车辆的维护和修理,定期进行二级维护和上线检测,保持车辆技术状况良好。

(7)负责危险货物的受理、审核以及相应营运手续的办理工作。

(8)负责制订运输组织方案及车辆人员调度。

(9)负责专职安全管理人员、从业人员的审核、聘用、奖惩、解聘、劳动安全、职业健康等工作。

(10)按照"四不放过"原则,负责公司运输事故现场的协调、配合以及调查、处理与报告,并对典型事故进行通报。

(11)负责安全生产管理档案的建立、信息统计等,准确、及时地填写各类台账、报表,并按照规定及时上报。

(12)按计划组织开展安全培训工作,对安全管理人员及有关人员进行安全培训,做好对新聘从业人员的技术、理论考核及岗前培训。

(13)监督做好卫星定位装置监控工作,不定期抽查违章违纪情况,并进行通报和监督处理。

(14)深入基层开展安全检查监督指导工作,了解安全生产情况,对于存在的问题下达整改通知,督促整改,对存在的重大或共性问题进行分析,组织攻关,落实针对性解决措施。

3.4 其他职能部门职责

3.4.1 安全生产领导小组办公室安全职责

安全生产领导小组办公室主任是本部门安全第一责任人,对办公室的安全负全面管理责任。

(1)学习、贯彻各项安全法律法规、方针政策、规章制度及标准等。

(2)负责有关安全方面的文件、报告和信访接待以及相关事务的处理。

(3)在公司授权的范围内,开展调查研究,协助经理处理好安全日常事务,并及时将工作情况、处理结果向经理汇报。

(4) 做好档案管理工作中的安全管理。

(5) 负责组织编制员工安全教育和安全技术培训长远规划和年度计划。

(6) 负责组织新工人的"三级"安全教育,按规定做好岗位人员培训考试工作,负责特殊人员的换证工作。

(7) 参加工伤事故调查处理和善后工作以及工伤鉴定工作。

(8) 参加公司安全大检查,督促有关部门对事故隐患进行整改,参加工伤事故的调查处理和善后工作。

(9) 协同有关部门组织安全活动、知识竞赛。做好宣传、总结推广安全先进事迹和经验。

(10) 参加安全事故调查处理,协助办理有关事宜。

3.4.2 业务调度科安全职责

(1) 认真贯彻执行国家、行业各项安全法律法规、方针政策、规章制度及标准等。

(2) 保证国家安全生产法规和企业规章制度在本科室贯彻执行,把安全生产工作列入议事日程,做到"五同时"。

(3) 组织制订并实施本科安全生产管理规定、安全技术操作规程和安全技术措施计划。

(4) 组织本科安全检查,落实隐患整改,保证生产设备、安全装备、消防设施、防护器材和急救器具等处于完好状态,并教育职工加强维护、正确使用。

(5) 组织厂内安全大检查,对检查出的有关问题要有计划地及时解决,督促相关责任人按期完成安全技术措施计划和事故隐患整改项目。

(6) 努力完成上级下达的行车安全管理目标,将考核指标层层分解并采取有力措施,确保行车安全管理目标的实现。

(7) 建立安全统计报表制度,准确、及时、规范地填报安全统计表,不得瞒报、漏报。

(8) 对发生的重特大事故的肇事人员和有关责任人员提出初步处理意见,然后上报公司。

(9) 建立行车安全监督、检查制度,对营运车辆的安全技术情况做好详细记录,对检查中发现的问题和事故隐患,应制定措施进行整改或上报。

(10) 组织本部门员工积极参加公司开展的安全生产活动。

3.4.3 财务科安全职责

(1) 认真贯彻执行国家、行业各项安全法律法规、方针政策、规章制度及标准等。

(2) 监督建立健全财务资金安全方面的规章制度。

(3) 根据公司实际情况,按计划及时提取安全生产费用,保证专款专用,并保证安全投入的有效实施。

(4) 按照安全生产需要,制定安全设施的经费预算,监督严格落实资金安全保障措施。涉及安全方面资金使用,应保证及时到位。

(5) 对审定的安全生产所需经费,列入年度预算,落实好资金并专项立账使用,督促检查安全经费的使用情况。

（6）负责安全生产奖惩的收付工作，保证奖罚兑现。

（7）组织本部门员工按要求开展安全教育培训，积极参加公司开展的安全生产活动。

（8）在职责范围内承担相应的安全生产职责。

4 安全生产岗位

4.1 安全生产岗位人员

公司安全生产岗位人员包括：主要负责人、分管安全的企业负责人、安全管理部门负责人、专职安全管理人员、驾驶人员、押运人员、装卸管理人员以及其他岗位人员。

4.2 经理安全职责

经理是本单位安全生产的第一责任人，对落实本单位安全生产主体责任全面负责，具体履行下列职责：

（1）建立、健全本单位安全生产责任制。

（2）组织制定并督促安全生产规章制度和安全操作规程的落实。

（3）确定符合条件的分管安全生产的负责人、技术负责人。

（4）依法设置安全生产管理机构并配备安全生产管理人员，落实本单位技术管理机构的安全职能并配备安全技术人员。

（5）定期研究安全生产工作，向职工大会或者股东大会报告安全生产情况，接受从业人员、股东对安全生产工作的监督。

（6）保证本单位安全生产投入的有效实施，依法履行建设项目安全设施和职业病防护设施与主体工程同时设计、同时施工、同时投入生产和使用的规定。

（7）督促、检查本单位的安全生产工作，及时消除生产安全事故隐患。

（8）组织开展安全生产教育培训工作。

（9）依法开展安全生产标准化建设、安全文化建设和班组安全建设工作。

（10）组织实施职业病防治工作，保障从业人员的职业健康。

（11）组织制定并实施本单位的生产安全事故应急救援预案。

（12）及时、如实报告生产安全事故，组织事故抢救。

（13）贯彻执行国家安全生产的法律、法规、规章、技术标准、政策规定等。

4.3 分管安全的副经理安全职责

（1）协助公司经理做好本公司安全工作，对分管范围内的安全工作负直接领导责任，支持安全技术部门开展工作。

（2）组织、协调公司各职能部门的安全生产管理工作，改善安全生产条件。

（3）主持制定公司的各项安全生产规章制度和安全技术操作规程及应急预案，并组织实施，定期检查执行情况。

（4）负责公司运输事故的应急处置、调查及处理建议。发生事故后，应迅速查看现场，及时准确地向上级报告，同时主持事故调查，确定事故责任，提出对事故责任者的处理意见。

（5）组织有关部门定期开展安全检查、季节性安全检查、安全操作检查，对重大隐患，组织有关人员到现场研究解决，并要求按三定（定人、定时间、定措施）进行整改。整改后要组织复查，并将有关资料存档。

（6）组织各职能部门学习安全生产法规、标准及有关文件，结合本公司安全生产情况，制订保证安全生产的具体方案，并组织实施。

（7）主持编制、审查年度安全生产运输计划，并组织实施。

（8）组织制定本单位的生产安全事故应急预案，建立应急救援组织或配备应急救援人员，配备必要的应急救援器材、设备，并定期组织演练。

4.4 安检科负责人安全职责

（1）贯彻落实公司有关安全生产的决定和管理措施。

（2）制定和执行安全生产管理规章制度、操作规程、应急预案、安全生产工作计划、安全生产费用预算。

（3）开展安全生产工作监督、检查、考核、隐患排查和整改的落实、安全文化建设和事故应急救援演练等。

（4）组织召开安全工作例会，提出安全生产管理建议。

（5）对运输事故现场协调处置、调查、报告及提出处理建议。

（6）做好安全生产统计与安全生产管理档案建立工作。

4.5 专职安全管理人员安全职责

（1）认真贯彻执行国家有关危险货物运输安全工作的法律、法规、标准及有关安全管理制度。

（2）协助制定、执行公司安全生产管理规章制度、操作规程、应急预案、安全生产工作计划、安全措施等，监督、检查执行情况，提出改进建议。

（3）组织安全学习、车辆驾驶人员和押运人员进行安全教育与培训，并定期进行安全考核。

（4）落实危险货物运输事故应急救援预案，并定期组织演练。

（5）组织开展运输安全活动，总结交流安全运输经验，落实安全教育工作。

（6）做好安全检查和隐患排查，对查出的事故隐患负责督促和落实整改，制止和纠正各种违章作业行为。

（7）做好对新聘从业人员的教育培训和考核工作。

（8）负责车辆和安全设施及设备、劳动防护用品的管理、发放、使用和维护，以及公司相关证照和保险的办理工作。

（9）事故现场组织施救，协助事故调查、处理，负责事故原因分析及保险理赔。

（10）负责实施车辆动态监控以及安全统计和安全管理档案的建立。

4.6 驾驶人员安全职责

（1）严格遵守《道路危险货物运输管理规定》《汽车危险货物运输规则》等有关危险货物

运输法规、规章，严格执行《汽车危险货物运输、装卸作业规程》等道路危险货物运输标准。

（2）执行公司制定的有关运输的各项规章制度、操作规程及应急预案，按照有关运输规定行车和停车。

（3）负责车辆（罐体）的日常检查和维护，做好车辆维护工作，发现车辆安全隐患及时排除，保持良好的车辆技术状态。

（4）随车携带相关有效证件及文书，保证车辆安全防护设施、设备和防护用品等器材良好有效，并能正确使用各种劳动保护、防护用品和消防器材。

（5）积极参加安全教育与培训活动，学习安全技术知识与技能。按照《汽车运输危险货物规则》（JT 617—2004）和《汽车运输、装卸危险货物作业规程》（JT 618—2004）的规定和要求，掌握安全技术知识、技能以及危险货物运输注意事项、应急处理办法和危险货物运输事故的预防措施，了解危险货物的物理、化学特性。

（6）对运输事故要严格按照公司应急处置预案的要求及时报告和应急处置。

（7）按规定的时间和路线行驶，并做到随车运输证件与标志齐全有效。

（8）遵守交通法规，确保行车安全。

4.7　押运人员安全职责

（1）执行公司制定的有关危险货物运输的各项规章制度、操作规程和应急预案。

（2）会同驾驶人员做好车辆（罐体）的安全检查，保障相关证件、文书，车辆安全防护设施、设备及消防、防护用品，货物捆扎等齐全有效。

（3）监督、提醒驾驶人员按照有关运输规定行车和停车，做好客户及货物核实，检查货物配装和堆码，行车途中应监视货物状态是否安全。

（4）对运输事故及时报告和应急处置，且维护好现场。

（5）参加安全学习和教育培训等活动，按照《汽车运输危险货物规则》（JT 617—2004）和《汽车运输、装卸危险货物作业规程》（JT 618—2004）的要求，掌握安全技术与应急处理方法。

（6）学习安全技术知识与技能，了解运输危险货物的物理、化学特性，具备防火、防爆、防中毒知识以及预防危险货物运输事故知识，掌握危险货物运输注意事项。

（7）监督装卸人员对汽车危险货物运输、装卸作业规程等技术标准的执行情况，制止装卸人员违反作业规程的行为。

（8）妥善保管并能正确使用各种劳动保护、防护用品及消防器材，并保证防护用品及消防器材完好无损。

4.8　装卸管理人员安全职责

（注：本公司承运物品均由托运方及收货方安排专职装卸管理人员对物品进行装卸）

（1）执行公司制定的有关危险货物运输的各项规章制度、操作规程和应急预案。

（2）检查运输车辆的资质、设备状况和安全措施、装卸作业区安全、车辆（罐体）、安全设备、装卸机具技术性能、货物、人员、证件、手续及作业人员劳动防护用品穿戴是否符合要求。

(3)监督装卸过程和装卸作业应符合《汽车运输、装卸危险货物作业规程》(JT 618—2004)的规定,制止装卸人员违反作业规程的行为。

(4)参加安全活动,学习安全技术知识与技能,了解危险货物的物理、化学特性,熟悉汽车运输、装卸危险货物作业规程,具备防火、防爆、防中毒知识以及预防危险货物运输、装卸事故知识,掌握危险货物运输、装卸注意事项和应急处理办法。

(5)对危险货物装卸负安全责任。

4.9 其他岗位人员安全职责

4.9.1 GPS 监控管理人员安全职责

(1)监控人员负责通过 GPS 监控平台,实时监控本企业运行车辆,对有违法、违规行为的车辆,登记在册,及时通过语音或短信等方式提示驾驶人员纠正违章,并对其进行教育。

(2)遵守公司制定的 GPS 监控管理制度,及时认真填写《车辆动态实时监控记录》等表格,对车辆进行 24h 监控。

(3)及时查明不在线车辆的原因,确系设备出问题的,及时与维修人员联系,尽快修复,相关情况记录存档,有关情况及时报告公司。

(4)监控人员对所监控到的车辆超速行驶、疲劳驾驶、超员等违规信息要认真分析,确属违章的,及时按照有关规定处理,并将违规信息及处理结果存档,作为企业内部对车辆和人员管理、考核的依据。

(5)GPS 监控人员必须按时值班,如有事不能值班,提前报告,由其他 GPS 监控人员值班。

(6)值班期间,如发现严重超速违规的,经提醒后仍不及时改正的,应及时向公司领导报告。依据违规实情按公司相关规定,给予处罚。

4.9.2 财务人员安全职责

(1)负责安全生产专用资金的提取和落实工作。

(2)确保安全生产经费的开支,必须专款专用,不得挪用。

(3)负责安全生产资金计划、安全技术措施计划的编制、修订调整。

(4)负责对在安全生产中违章部门和个人的罚款缴纳工作。

(5)正确、及时和完整地记录关于安全生产的财务状况,根据每月的账簿和报表,对其安全生产状况进行分析,制订出本公司的安全成本控制方案。

(6)认真做好各项财务报表以及凭证,并妥善保管,严防污损、丢失。

4.9.3 业务调度员安全职责

(1)认真贯彻执行政府及公司有关行车安全的政策、法规、指示和规定。

(2)按规定程序进行车辆的调度工作,严禁违章指挥。

(3)督促驾驶人员遵章守纪,纠正违章。

(4)对车辆、驾驶人员及押运人员的资质进行把关,做好资质、证件的登记工作,确保车辆及从业人员符合国家和行业主管部门的规定。

(5)掌握调派车辆的动向,及时向业务部门反馈车辆信息。

(6)安全合理地完成公司的货物运输任务。

(7)监督检查运输车辆的车况,对车况不好的车辆有权拒绝安排装车,监督各危运车辆安全行车。

5 安全生产责任考核

5.1 安全生产目标考核与管理

(1)公司建立安全生产目标管理制度,签约目标责任科室负责将安全生产目标考核等安全专项目标逐项落实,责任到人。年终对责任人进行全面考核,根据考核结果予以奖惩。

(2)公司每年下达一次安全生产工作目标的具体指标,并与各单位签订年度安全生产目标责任书。各单位应当按照责任承诺的要求,认真履行工作职责,层层分解安全责任,强化工作措施,确保各项工作目标的完成。

(3)公司设立安全生产奖励基金,用于各部门安全生产目标管理考核奖励。奖励的对象为公司全体工作人员,奖励资金也可用于安全生产宣传、教育、培训及配置必要安全设施用品。安全生产奖励基金列入公司安全专项经费,专款专用。

(4)安全生产目标考核与公司年度目标任务结合进行。

(5)本制度不影响安全生产责任制有关责任追究规定的执行。

5.2 公司安全生产目标考核奖惩的评比必须坚持的原则

(1)实事求是、客观公正的原则。

(2)注重安全管理实效的原则。

(3)自查自评与公司考核相结合的原则。

(4)奖优罚劣的原则。

5.3 安全生产目标考核的内容

安全生产目标管理考核的内容分为基础工作和安全效果两部分:

(1)基础工作主要考核贯彻法律法规和行业政策、组织领导、安全生产管理制度(包括安全生产责任制、安全生产操作规程、安全生产监督检查、车辆安全生产管理制度等)的建立与落实、紧急状态应急预案的建立和完善,从业资格关、车辆技术关的落实。

(2)安全效果主要考核道路运输责任行车事故次数和人员伤亡情况。年内发生一次死亡1人以上的重大责任行车事故或发生一般责任行车事故的,实行一票否决。

5.4 安全生产目标考核的主要程序

(1)考核时间为每年的12月31日,考核时间段为上年12月31日至当年12月30日。

(2)安全生产目标考核实行年终考核制。

(3)考核结束后,考核小组提出考核意见,报公司安全生产领导小组,安全生产领导小组研究决定后,将安全生产目标考核结果公布、通报,并根据考核结果实给予奖惩。

5.5 考核标准

(1)考核采取90分以上为优,85分以上为良,60~85分为合格,当年发生一次责任交通事故的一律作为不合格。具体考核内容为：

安全管理人员：安全责任落实(20)、组织建立(5)、安全检查(20)、教育培训(15)、交通安全(10)、隐患查处(12)、事故处理(10)、安全投入(8)。

驾驶人员：安全会议(15)、安全检查(15)、教育培训(10)、交通安全(20)、事故处理(20)、预案演练(20)。

押运人员：安全会议(15)、安全检查(15)、教育培训(10)、交通安全(10)、事故处理(20)、预案演练(10)、安全监管(20)。

(2)考核合格被评为先进科室的奖励500元，先进个人奖励200元。

(3)考核优秀的驾驶人员奖励400元，考核优秀的押运人员奖励400元。

(4)考核不合格的驾驶人员、押运人员对其进行安全告诫并将通过宣传栏通报批评，并对其进行复训，复训考核合格后方可上岗。

(5)考核不合格的安全管理人员对其进行复训，复训考核合格后方可上岗，从事安全管理工作。

6 安全生产责任奖惩

为了减少事故，降低经济损失，确保人民生命财产的安全，经公司安委会研究决定，公司领导干部除发生一般责任事故按四项指标考核外，发生重特大行车责任事故实行安全管理责任追究制，未发生重特大行车责任事故实行奖励制。安全管理人员、驾驶人员、押运人员按四项指标考核、奖惩。

6.1 领导干部发生重特大责任行车事故实行责任追究

(1)单位经理是单位安全生产的第一责任人，除追究领导责任外，并处罚款1000元。

(2)分管安全工作的责任人，是安全生产重要责任人，除追究领导责任外，并处罚款600元。

(3)未发生重特大行车责任事故实行奖励制度：单位经理奖600元，分管安全生产的负责人奖400元。

6.2 安全管理人员奖惩办法

(1)实现安全生产目标，职责任务完成情况考核在90分以上的人员给予表扬并给予200~500元奖励。

(2)对未实现安全生产目标的，对责任人给予一定的经济处罚，并取消个人评先资格。

①发生责任死亡事故，每死亡1人罚责任人500元；

②发生重伤事故，重伤1人罚责任人300元；

③轻伤事故罚责任人200元；

④事故虽然无人员伤亡，但直接经济损失达2万元以上的，罚责任人500元；直接经济损失1万~2万元罚责任人300元；直接经济损失达0.5万~1万元的罚责任人200元；

⑤隐瞒事故不报者，一经查实，比照前四项规定对责任人处2倍的罚款，并给予通报

批评。

6.3 驾驶人员奖惩办法

（1）实现安全生产目标，职责任务完成情况考核在90分以上的人员，给予表扬并奖励200～500元。

（2）对未实现安全生产目标的，将对责任人给予一定的经济处罚，并取消评先资格。

①发生责任死亡事故，每死亡1人罚责任人5000元；

②发生重伤事故，每重伤1人罚责任人3000元；

③发生轻伤事故罚责任人2000元；

④事故虽无人员伤亡，但直接经济损失达2万元以上的，罚责任人3000元；直接经济损失1万～2万元的罚责任人1000元；直接经济损失达0.5万～1万元的罚责任人500元；

⑤对隐瞒事故不报者，一经查实，比照前四项规定对责任人处以2倍的罚款，并给予通报批评。

6.4 押运人员奖惩办法

（1）实现安全生产目标，职责任务完成情况考核在90分以上的人员，给予表扬并给予200～500元的奖励。

（2）对未实现安全生产目标的，将对责任人给予一定的经济处罚，并取消个人评先资格。

①发生责任死亡事故，每死亡1人罚责任人500元；

②发生重伤事故，每重伤1人罚责任人300元；

③轻伤事故罚责任人200元；

④事故虽无人员伤亡，但直接经济损失达2万元以上的，罚责任人500元；直接经济损失1万～2万元的罚责任人300元；直接经济损失达0.5万～1万元的罚责任人200元；

⑤隐瞒事故不报者，一经查实，比照前四项规定对责任人处以2倍的罚款，并给予通报批评。

6.5 奖励和处罚细则

（1）在一个考核年度内，遵守公司各项规章制度，无任何交通违法、违章行为，无投诉，无事故，按时参加培训学习和安全例会，表现优秀的驾驶人员和押运人员，经考核评比优秀奖励400元，考核为良奖励200元。

（2）交通违章驾驶人员在接到交通违章通知后，一周内必须到交管部门接受处罚，违者由安技科当面提出告诫，其行为记入劣迹档案，并作为年终安全评比一票否决依据。

（3）驾驶人员和押运人员未按时参加公司组织的各项安全学习、会议、培训工作的，每次罚款200元。

（4）驾驶人员和押运人员积极参加应急预案的演练活动，不断提高应急处理能力，若不按时参加演练每次罚款500元。

（5）驾驶人员违反GPS操作规程，私自改变路线的，罚款500元。

（6）对未实现安全生产目标的单位，将对责任人给予一定的经济处罚，并取消单位和个人评先资格。

6.6 其他奖惩规定

(1)对在生产中发现事故隐患或发现重大事故隐患及时采取措施加以整改和预防的、发现违章操作及时制止的,以及其他作出突出贡献的个人,奖励100~300元/次。

(2)安全生产管理台账齐全、记录准确的,奖励100元。

(3)在安全教育培训中工作突出的,奖励100~300元。

(4)未按安全生产方针和目标及安全责任书定期开展安全生产检查的,处罚100元/次。

(5)公司所规定的各类安全台账记录未按时记录或记录不规范的,每项处以50元罚款。

(6)未及时传达有关安全文件精神的,处罚责任人50~100元。

(7)对瞒报工伤事故的,视其情节轻重每次给予200~500元罚款。

(8)本制度没有明确规定的其他违反相关规定的行为,视情节轻重,按责任大小给予100~500元的处罚。

7 附则

(1)本次编制的《安全生产责任制》最终解释权为贵阳仁通运输有限公司安全生产领导小组。

(2)本制度符合国家有关道路危险货物运输的相关规定,若日后相关法律法规有更改时,本制度将及时修订。

(3)本制度自2016年1月1日起实施。